夏丏尊谈教育

夏丏尊 ◎ 著

辽宁人民出版社

图书在版编目（CIP）数据

夏丏尊谈教育/夏丏尊著. —沈阳：辽宁人民出版社，2015.1
（名家谈教育丛书）
ISBN 978-7-205-08106-5

Ⅰ. ①夏… Ⅱ. ①夏… Ⅲ. ①夏丏尊（1886～1946）—教育思想—文集 Ⅳ. ①G40-092.6

中国版本图书馆CIP数据核字（2014）第270603号

出版发行：辽宁人民出版社
　　　　　地址：沈阳市和平区十一纬路25号　邮编：110003
　　　　　电话：024-23284321（邮　购）　024-23284324（发行部）
　　　　　传真：024-23284191（发行部）　024-23284304（办公室）
　　　　　http://www.lnpph.com.cn
印　　刷：辽宁省沈阳印刷厂
幅面尺寸：160mm×230mm
印　　张：13
字　　数：187千字
出版时间：2015年1月第1版
印刷时间：2015年1月第1次印刷
责任编辑：艾明秋　娄　瓴
封面设计：Amber Design 琥珀视觉
版式设计：姿　兰
责任校对：郑　莉
书　　号：ISBN 978-7-205-08106-5

定　　价：25.00元

目　录

导读 　读这篇文章，先不谈作者的观点对错，仅从行文来看，夏丏尊先生便是一个高手，先用一件故事引出正题，谈现状、谈事实，并抱有期许，通篇反复强调自己说这些话是"杀风景"，却也毫无保留地说完了。

"你须知道自己"

　　我向有个先写稿后加题目的习惯，此稿成后，想不出好题目，于是就僭越地借用了这句希腊哲人的标语。

中学生诸君，新年恭喜！

　　说到新年，不禁记起一件故事来了。从前日本有一个很有名的和尚，故意于新年元旦提了骷髅到人家门口去，叫大家杀风景。日本向有元旦在门口筑了土堆插松枝的风俗，叫做"门松"。和尚有一句咏门松的诗道："门松是冥土之旅的一里冢。"一里冢者，日本古代每一里作一土堆如冢，上插木标，以标记里程的。和尚的诗，意思就是说一个人过了一年就离冥土愈近了。

　　咿呀！新年新岁，理应说利市、讲好话，为什么要提起这样的话来扫大家的兴呢？但是照例地说利市、讲好话，也觉得没有意思。新年相见的套语，如"恭喜"之类，其中并不笼有真实的深意，说"恭喜恭喜"，并不就会有喜可恭的。

　　我们无论做哪一件事，都要预想到着末的一步，才会认真，才会不苟。做买卖的人所要顾虑的不是赚钱，乃是蚀本。赌博的人所须留意的不是赢了怎样，乃是输了如何。日本的那位和尚在元旦叫人看骷髅，要大家觉悟到死的一大事实，其事虽杀风景，但实也可谓是一种最慈悲的当头棒喝。我根据了这理由，想在这一九三〇年的新年，当作贺年的礼物，对诸君说几句看似不快而却是真实的话。

依学龄计算，诸君都是十三岁以上二十岁以下的志气旺盛的青年。诸君对于前途，所怀抱的希望不消说是很多的吧。恋爱咧，名誉咧，革命咧，救国咧，诸如此类离本题太远的希望，暂且不提。即仅就了求学而论，诸君的希望应也就不小，由初中而高中，由高中而大学，由大学而出洋，由出洋而成博士等等，似都应列入诸君的好梦之中的。可是抱歉得很，我在这里想对诸君谈说的，却不是怎样由初中入高中、入大学、出洋等的好事，乃是关于不吉方向的事。就是：不能出洋怎样？不能入大学怎样？不能升高中怎样？或甚至于并初中而不能毕业怎样？

就大体说，教育的等级是和财产的等级一致的。财产有富者、中产者与贫困者三个等差，教育也有高等、中等、初等的三个阶段。在别国，这阶段很是露骨，尽有于最初就把贫富分离的学校制度。凡有资力可令子弟受中等以上的教育者，就可不令子弟进普通的国民小学。我国在学校制度上表面虽似平等，其实这财产上的阶段仍很明显地在教育的等差上反映着。不消说，小学校学生之中原有每日用汽车接送的富家儿与衣服楚楚的中产者的子弟的，但全体统计，究以着破鞋拖鼻涕的贫家小孩为多。到了中学，贫困者就无资格入门，因为做中学生每年至少须花二百元的学费，不是中产以下的家庭所能负担。做中学生的不是富家儿，即是中产者的子弟。至于入大学，费用更巨，年须三四百元以上，故做大学生的大概是富家儿，即使偶有中产者的子弟蛰居其间，不是少数的工读生，即是少数的叫父母流泪典质了田地不惜为求学而破家的好学的别致朋友罢了。这样，教育的阶段宛如几面筛子，依了财产的筛孔，把青年大略筛成三等。纵有漏网混杂别等里去的，那真是偶然的侥幸的机会。

诸君是中学生，贫困者已于小学毕业时被第一道筛子从诸君的队里筛出了。诸君之中混杂着富者与中产者的子弟，但寓者究竟不多，诸君的十分之九以上可说都由中产家庭出来的吧。像诸君样的人，普通叫做中产阶级。中产阶级不致如贫困者的有冻馁之忧，也不致像富者的流于荒佚，在社会全体看来，实是最健全最有用的分子。诸君出自中产家庭，就是未来的社会中坚，诸君的境遇较之贫困者与富者，原不可不说是很幸福的。但是，可惜，这中产阶级的本身已在崩溃中了。

中产阶级的崩溃原是世界的现象，不但中国的如此。其原因不得不归诸世界产业革命与资本主义的跋扈。中国中产阶级的崩溃也不自今日始，而以近数年来为尤速。中国原无什么大资本家，也无什么大产业，中国人所受的完全是身不由主的全世界的影响。中国产业落后于人者不知凡几，而生活程度却由外人替我们代为提高，已与别国差不多了。这情形，诸君不必回去问那六七十岁的老祖父，但把诸君幼时所记得的物价与生活费用和目前的一相比较，就已可知其差数之不小了。加以连年的兵祸、匪灾、饥馑、失业，把乡村的元气耗损几尽，随此而起的工价暴腾与农民的不得已的减租，更给了中产阶级以一道快速的催命符。

不信，但看事实！诸君的村里富起来的人家多呢还是穷下去的人家多？诸君自己的家况，只要没有什么着香槟票头彩之类的事，还是一年好一年呢还是一年不如一年？诸君求学的用费，今年比之去年如何？诸君向父母请求学费时，父母是否比去年多摇头多叹息？再试每日留心报纸，是不是每日有因失业或困迫而自杀的？他们的大多数，是不是青年？

中国的中产阶级已在崩溃的途上，当世流行的一切青年的烦闷与中流家庭间的不宁，实都就是中产阶级在崩溃途上的苦闷的挣扎与呻吟。诸君是中产阶级，中产阶级的崩溃就是诸君的崩溃。诸君之中有的已深深地痛感到没落的不安，正在挣扎与呻吟之中，有的或尚才踏入第一步，只茫然地感到前途渐就黑暗的预觉，程度虽有不同，要之都已是在没落崩溃的途上的人们了。在这变动的期内，诸君的家庭尚能挣扎着令诸君入中学为中学生，不可谓非诸君之幸。

不瞒诸君说，在下也是中产阶级出身，而且是一个做过二十年的中等学校教师的人。产是早已没有了，依了自己的劳动，现在总算还着起长衫，在社会上支撑着中流人物的地位，可是对于儿女，却无力令其尽受完全的中等教育。一个是高小毕业就去做商店学徒了，一个是初中未毕业，即令其从事养蜂与园艺了，还有一个现在虽尚在中学校，但能否有力保其毕业或升学，自己也毫无把握。做了二十年中学教师却无力使自己的儿女受中等教育，每想到"裁缝衣破无人补，木匠家里没凳坐"的俗语，自己也不禁要苦笑起来。

话不觉走入岔路去了，一笔表过，言归正传。

世间最难动摇的是事实，事实是不能用了什么理论或方法来把它变更的。中产阶级的崩溃没落既是事实，我们虽然自己不情愿，也就无法否认。所谓崩溃或没落，原是就了全生活说的，若限在受教育的方面说，意思就是：诸君现在虽在中学为中学生，前途难免要碰到种种的障碍。不能入大学，不能入高中，或并初中亦不能毕业，也都是很寻常的可能的遭遇，并非什么意外的大不幸。诸君啊，先请把这话牢记在心里。

诸君读了我这番杀风景的议论，也许会突然感到幻灭，要发生绝望的不安了吧。如果如此，那不是我说话不得其法，就是诸君太天真烂漫太未经世故的缘故。我所说的自以为是一种真实，并没有一句是欺骗或恐吓诸君的话。并且，我对诸君说这一番话，目的原不欲漫然把暗云投入诸君的快活的心胸里，在诸君火热的头上浇冷水；乃是想叫诸君张开了眼，认识眼前的事实，更由这认识发出勇敢的新的努力，去适应目前或将来的环境，能在大时代中游泳而不为大时代的怒涛所淹没。

那么怎样好呢？反正能否毕业能否升学都靠不住，就退学吗？或者赶快去别觅可以吃饭的职业吗？诸君的父母家庭，有的为了贪近利，有的为了真是负担不住了，也许早已盼望诸君如此了吧。家庭环境各个不同，原不好一概而论。若就大体说，诸君还是未成年者，在成年以前，最好能受教育，把青年生活好好地正则地度过去。诸君能在中学为中学生是应感谢的幸福，不是可诅咒的恶事。有书可读且读，但读书的态度却须大大地更改。

第一所希望于诸君者，就是要快把从来的"士"的封建观念先行铲除。中国古来封建时代称读书人为"士"，这士的制度已在几千年以前消灭了，而士的虚名仍历代相沿，直至现在，虚名原已不存了，而士的观念仍盘根错节地潜伏在一般人的心中。诸君的父母令诸君入学的动机，诸君自己求学的态度，乃至学校对于诸君的一切教育方法和设施等等，老实说，有许多地方都还是脱不尽这封建思想的腐气的。一般人误信以为在学校毕业了就可得到一种资格，就可靠文凭吃饭，这种迷信，的的确确是因袭的封建的恶根性。中国近十余年来的变乱，原因当然很复杂，但如果全国没有整千整万的毫无实学实力只手捏文凭的冒充的士，来替人摇旗呐喊，来替人造作是非，局面决不至糟到如此。我常以为中国最要的事情是裁士，而裁兵次之。要化士为工，化士为商，化士为农，化士为兵，除了少数有天分的专事学问的学者外，无一人挂读书人的空招牌，而又无一人不读过书，无一人不随时自己读着书，中国的前途才有希望。

第二所希望于诸君的是养成实力。诸君如果真能把从来以读书为荣的封建观念打破了，就能发见求学的新目标——就是觉悟到为养成实力而求学了。说到现在的学校教育，可指摘的处所实在很多，学校本体，除了到期给诸君以文凭外，能否给诸君以智德体三方面的真实能力，原属一个大大的疑问。如果有人说我这话太轻视了现在的学校与教育者，那么让我来自己招供吧。前面曾说，我是曾做过二十年的中学教师的，自问也不曾撒过滥污，但不敢自信曾有任何实力给予学生过。学校教育的靠不住，原因很多，这里无暇絮说。但无论如何，学校究是为青年而特设的教育机关，从来学校教育的所以力量薄弱，也许由于学生的求学态度的不正。诸君果已自己觉醒，对于学业及生活不再徒讲门面，要求实际，把一切都回向于实力的养成上去，则我可以保证诸君能相当地收得实力的。

了解了以读书为荣的错误，知道了实力的重要，在环境许可的期间，利用诸君的青春去做将来应付新时代的预备。有能力升学出洋固好，即不能升学或毕业，也比较容易以所养成的能力找得相当的职业。中产阶级只管没落，自己能在新兴继起的阶级中做一个立得住站得稳的人，不做新时代的落伍者；这是我所希望于诸君的总归宿。

《圣经》里的先知们，有的警告人说：末日快到了；有的警告人说：天国近了，叫人预备。"山雨欲来风满楼"，中产阶级已岌岌可危了，今后到来的世界从社会全体看来，是天国或是末日，学者之间因了各人的见解，原不一其说。但无论是好是坏，要来的终究要来，所以我们也不得不先有所预备。预备的第一步，就是对于自己所处的地位与时代的觉醒。

中学生诸君啊，记着：我们的地位是中产阶级而时代是一九三〇年！

新年之始，乌老鸦似地向诸君唠唠叨叨说了这一大串杀风景的话，抱歉之至！最后当作道歉，让我来再真诚地向诸君祝福吧：

中学生诸君，新年恭喜！

1930年

导读 　在夏丏尊看来，大学与中学的区别是显而易见的：中学的目的在于丰富学生的常识，或者为升学做准备；而大学的教育应侧重应世，培养专业的技能。

受教育与受教材

自从我在《中学生》创刊号上写了那篇《你须知道自己》以后，就接到了不少的青年的来信。有的自陈家庭苦况，有的问我中学毕业后的方针，有的痛诉所入学校的不良，问题非常繁多，欲一一答复，代谋解决，究不可能。没法，只好就诸信中寻出一个比较共同的问题，来写些个人的意见当作总答。

我在创刊号那篇文字里，曾劝中学生诸君破除徒以读书为荣的"士"的封建观念，养成实力。这次所接到的来信中，差不多都提及到这实力养成的问题。关于这，我实感到有答复的责任。至于答复得好与不好，且不去管他。

先试就"实力"二字加以限制。我的谈话的对手是中学生，所谓实力，当然不是什么财力、权力、武力，也并不是学士或博士的专门学力，乃是普通一般的身心上的能力。例如健康力、想象力、判断力、记忆力、思考力、忍耐力、鉴赏力、道德力、读书力、发表力、社交力等就是。

这种能力，虽是很空洞、很抽象，却是人生一切事业的基础。犹如数学公式中的X，诸君学过数学，当然知道X的性质。X本身并无一定价值，却是一切价值的总摄，只要那公式是对的，无论用什么数目代入X中去都会对。上面的各身心能力，本身原不能换饭吃，成学者，或有功于革命，但如果没有这诸能力，究竟吃不成什么饭，成不了什么学者，或有什么贡献于任何革命事业的。

　　这身心诸能力，原也可从自然环境或职业部分地获得，例如滨海的住民常善泅泳，当兵的自会富于忍耐力。但人为的有组织的养成机关，不得不推学校教育。所谓教育，就是能力给予的设计。学校就是为施行这设计的而特造的人为的环境。

　　专门以上的学校为欲使学生直接应世，倾向常偏重于专门的知识技术的传授。专门以下的学校所传授的，不是可以直接应世的知识技术，其任务宁偏重于身心诸能力的养成，愈是低级的学校愈如此。所谓课程也者，无非施行教育作用的一种材料而已。专门以上的课程收得了也许就可应世，就可换饭吃，至于专门以下的学校课程，收得了仍是不能应世，换不来饭吃的。不信，让我举例来说：诸君花了不少的学费，费了不少的光阴，好容易了解了几何中西摩松线的定理或代数中的二项式，记得了蒲公英、鲸鱼的属类与性状，假如初中毕业时成绩第一。但试问这西摩松线的定理和二项式的解答和关于蒲公英、鲸鱼的知识，写出来零折地卖给谁去？怕连一个大钱也不值吧。又假定诸君每日清晨在早操班上"一二三四"地操，一日都不缺课，操得非常纯熟，教师奖誉、体育成绩优等。试问这"一二三四"的举动，他日应起世来，能够和卖拳头的江湖朋友一样收得若干铜子吗？以上不过随举数例，其实诸君所学习着的各科无不皆然。

　　诸君读到这里也许又要感到幻灭了，且慢且慢，西摩松线二项式和蒲公英、鲸鱼的知识，虽不能卖钱，但因此而表现的推理力记忆力等等是终身有用的。又，幸而能升学进而求更高深的科学，这些知识当作基础也是有用的。"一二三四"操得好，虽不能变铜子，但由此锻就的好体格，和敏捷、忍耐、有规则等的品性，是将来干任何职业都必要的。"功德不虚"，诸君用几分功，究竟有几分益处在，断不至于落空。

　　由此可知，中等学校教育的课程，只是一种施行教育的材料，从诸君方面说，是借了这些材料去收得发展身心能力的。诸君在中学校里，目的应是受教育，不应是受教材。重视书册，求教师多发讲义，囫囵吞枣似地但知受教材，不知受教育，究是"买椟还珠"的愚笨办法。

诸君读了我上面的话，如果以为是对的，那么希望诸君注意二事。

第一，要自觉地从各科目摄取身心上的诸能力。我上面所说的话，原只是普通教育上的老生常谈，并非什么新说，照理，教师们都该知道了的。他们应该注意到此，应该利用了教材替诸君养成实力，不应留声机器似的，徒把教本上的事项来一页一页地切卖给诸君。但现在的学校实在太乱杂了，一年之中可换三四个校长，前学期姓张的先生来教诸君的地理，后来归姓胡的教，这学期又换了姓王的。在这样杂乱无序的情形之下，说不定诸君的教师之中没有不胜任的分子。又，教育是教师与学生合作的事，教师虽施着正当的教育，学生如果无接受的热心，也不会有好结果，故诸君须有养成身心诸能力的自觉才好。一个代数方程式，同级的人都能解，你如果解不出，这事本身关系原不大。但在一方面说，就是你的记忆力或思考力不及人，不到水平线，这却是大事。冬天早操屡次赶不上，这事本身原不算得什么有碍，但由此而显现着的你的这惰性，如果不改革，却是足为你终身之累的，无论你将来干什么。

第二，对各科目要普遍地学习。近来中学生之间，常有因浅薄的实用观念或个人的癖好，把学习的科目偏重或鄙弃的事。有的想初中毕业后去考邮局电报局，就专用功英语，有的想成文人，就终日读小说。无论哪一校，数学都被认为最干燥无味，大家对了都要皱眉的科目。体育科，则除了几个选手人员外，差不多无人过问，认为可有可无。图画、音乐等科，也被认为无足重轻的东西。这种倾向由能力养成上看来，真是大大的错误。因了学科的性质，有的须多用些功，有的可少用些功，原是合理的。又，现制中学的高中已行分科制，学生为了将来所认定的方向，学习要偏重些某方面，也是对的。我所指摘的只是普通一般的中学生的对于学科的偏向，尤其是对于初中部的学生。你想毕业后去考邮局或电报局并不是坏事，但除了英语的知识以外，多带些知识趣味去，就是说，在记忆力忍耐力等以外，多养成些别的能力去，不更好吗？你想成文人也好，但多方面的能力修养，将来不会使你的文人资格更完满吗？

中学原只是普通教育，其中的学科都是些人类文化的大略的纲目，换言之，只是一个常识，在综合地养成身心的能力上看来，不消说是好材料。次之，在有升学希望的人，当作预备知识也自有其意义。至于要想单独地拿了一种去换职业，究竟是毫无把握的。将来情形变更也许不能这样断言，至少在现制度是如此。任你怎样地去偏重，结果所偏重的依然无用，而在别的方面却失去了能力养成的普遍的机会，只是自己的损失而已。

一家商店，常有一种东西是值得买，而其余是不值得买的。例如杭州西湖上的菜馆里，醋熘鱼是好的，而挂炉烤鸭就不好，虽然门口也挂着"挂炉烤鸭"的牌子，我们如果要吃醋溜鱼，就到杭州西湖边上去；如果要吃烤鸭，那么上北京菜馆去，不然就会找错了门路。学校犹如商店，在中学校里所可吸收的是普通的身心能力，不是可以直接应世的教材。如果要买应世实用的教材，那么将来进专门大学去，或是现在就进甲种实业去，急于考邮局电报局的，还是进英文夜校去。

中学校的性质如此，是借了教材给予能力的。诸君在中学校里，试自己问问："我在这里受教育呢？还是在这里受教材？"

1930年

┃导读┃　在这篇文章中，夏丏尊认为："自学"或是"自己教育"，非但是可能的，而且是必须的。在民国时期因为战乱、饥荒等原因，失学的青年不在少数，而"自学"是帮助他们成长、成熟的不可或缺的手段。

"自学"和"自己教育"

我为了职务的关系，有机会读到各地青年的来信和文稿。这些文字坦白地表示着诸位青年的生活、经验、思想、情感。一位在中等学校里担任职务的教师，他所详细知道的只限于他那个学校里的学生。可是我，对于各地青年都有相当的接触。虽然彼此不曾见过面，不能说出谁高谁矮、谁胖谁瘦，然而我看见了诸位青年的内心，诸位期望着什么，烦愁着什么，我大略有点儿理会。比起学校里的教师来，我所理会的范围宽广得多了。这是我的厚幸。我不能辜负这种厚幸，愿意根据我所理会到的和诸位随便谈谈。

从一部分的来件中间，我知道有不少青年怀着将要失学的忧惧，又有不少青年怀着已经失了学的愤慨。那些文字中间的悒郁的叙述，使人看了只好叹气。开学日子就在面前了，可是应缴的费用全没有着落，父亲或是母亲舍不得"功亏一篑"，青年自己当然更不愿意中途废学。于是在相对愁叹之外，不惜去找寻渺茫难必的希望，牺牲微薄仅存的财物。或者是走了几十里地，张家凑两块钱，李家借三块钱，合成一笔数目。或者是押了田地，当了衣服，情愿付出两三分四五分的高利，以便有面目去见学校里的会计员。在带了这笔可怜款项离开家庭的时候，父亲或是母亲往往说："这一学期算是勉强对付过去了，但是下一学期呢!"多么沉痛的话啊!至于连这样勉强对付办法都找不到的人家,青年当然只好就此躲在家里。想找一点事情做做,东碰不成,西碰不就。哪怕小商店的学徒,小工厂的练习生也行。然而小商店正在那里"招盘",小工厂正在那里"裁员减薪"。于是每吃一餐饭,父亲叹着气,母亲皱着眉,青年自己更是绞肠刮肚似的难过,无论吃的是咸汤白饭,或是窝窝头,都是在吃父亲母亲的血汗呀!像上面所说那样的叙述,我看见的非常之多,文字好一点坏一点没有关系,总之宣露出现在青年的一段苦闷。

是谁使青年受到这样的苦闷呢?笼统地说,自然会指出"不良的社会"来。我们很容易想象一个理想的社会,在这个理想的社会里,受教育是一般人绝对的权利,不用花一个钱,甚至为着生活上必需的消费,公家还得给受教育者津贴一点钱。而现在的社会恰正相反,须要付得出钱才可以享受受教育的权利。那么给它加上一个"不良的"的形容词,的确不算冤枉。但是这样判定之后,苦闷并不能就此解除。理想的社会又不会在今天或是明天无条件地忽然实现。在现在的社会里,要受教育就得付钱,不然学校就将开不起来,这是事实。事实是一垛坚固的墙壁,谁碰上去,谁的额角上准会起一个大疙瘩。这就是说,如果付钱成为问题的话,那么上面所说的苦闷是不可避免的。你去请教无论什么人,总不会给你一个满意的答复,因为无论什么人的一两句话,不能够变更当前的事实。

不过要注意,上面所说的学和受教育乃是指在学校里边学,以受学校教育而言。这只是狭义的学,狭义的受教育。按照广义说起来,学和受教育是"终身以之"的事情,离开了学校还可以学,还可以受教育,而且必须再学,必须再受教育。威尔斯等在《生命之科学》一书里说得好:"教育的目标是要使各个人成为善良的变通自在的艺人(因为环境在变迁,所以要变通自在),成为在那一般的规划中自觉能演一角的善良的公民,成为能发挥其全力的气象峥嵘、思虑周到、和蔼可亲的人格者。终其生都要有能受教育的适应性。旧式的那种阴晦的观念,以为人当在青年期之前把一切应该学的东西都学好,而以后只是用其所学,和多数的动物一样,那种观念是在从人的思想中消逝了。"可是我觉得，一班给"失学"两字威胁着而感到苦闷的青年还没有抛开那种阴晦的观念。住在学校里边叫做学，离开学校叫做"失学"，好像离开了学校，一切应该学的东西就无法学好了，其实哪里是这么一回事，所谓"自学"或是"自己教育"，非但是可能的，而且是必须的。即使住在学校里边，也不能只像一只张开着口的布袋，专等教师们把一切应该学的东西一样一样装进来，也必须应用自己的智慧和能力，思索这一样，练习那一样，才可以成为适应环境的"变通自在的艺人"。而思索这一样，练习那一样，就是"自学"或是"自己教育"呀。离开了学校，没有教师的指点，没有种种相当的设备，就方便上说自然差一点，然而有一个"自己"在这里，就是极大的凭借。自己来学！自己来教育自己！只要永久努力，绝不懈怠，一切应该学的东西还是可以学得好好的。这样看起来，如果能把那种阴晦的观念抛开，建立"自学"或是"自己教育"的信念，那么遇到付钱成为问题的时候，固然不免苦闷，但是这决非顶大的苦闷。本来以为"就此完了"，所以认为顶大的苦闷。而在实际上，只要自己相信并不"就此完了"，那就不会"就此完了"，所以决非顶大的苦闷。

以上并不是勉强慰藉的话，而是对于学和受教育的一种正当观念。这种观念，无论在校不在校的人都是必需的。不过对于不在校的人尤其有用处，它能给你扫去障在面前的愁云惨雾，引导你走上自强不息的大路。

我知道有人要说：你不看见现在社会的实际情形吗？现在凡是新式的事业机关招收从业员，限定的资格起码要中学毕业生。工厂学徒哩，公司练习生哩，甚至大旅馆中同于仆役的"侍应生"哩，上海地方专以伴人游乐为事的"女向导员"哩，没有中学毕业程度的都够不上去应试。所以读不完中等学校，就等于被摈在从业的希望的门外。一般青年因为将要失学而忧惧，因为已经失了学而愤慨，原由在此。一般父母宁愿忍受最大的牺牲，而不肯让儿女"功亏一篑"，待要真个无法可想，那就流泪叹气，以为家庭的命运已经临到绝望的悬崖，原由也在此。

这种实际情形，我也知道得很清楚。按照理想说，岂但新式的事业，最好是无论什么事业，从业员的资格都起码要中学毕业生，这样，事业上的效率一定会比现在大得多。不过到了这样情形的时候，进学校将纯是权利而不担什么义务了。现在进学校多少带一点"投资"的意味，既然担着付钱的义务，总希望将来能有连本带利的丰富的收获。我知道，这样想头不止是多数父母的见解，更有许多青年也在或明或暗地意识着。这并不足以嗤笑，在现在这样的社会里，自然要产生这样的想头。而照大家的眼光看来，要得到丰富的收获，惟有在新式事业中取得一个从业员的位置。同时，惟有新式事业需要有了相当的知识和训练的从业员，其他事业现在还没有这种需要。所以在新式的事业机关招收从业员的章程里，才有"资格——中学毕业生"这一条。所以每逢新式的事业机关招考的时候，前往投考的常常是那么拥挤，出乎主持人的意料之外。

但是有一点可以注意：在招收从业员的章程的资格项下，往往不单写着"中学毕业生"，而再附加着"或有同等程度者"这样的语句。这说明了什么呢？第一，从这上面可以看出现在学校教育并不能和新式事业完全相应。新式事业所需要的是干练适用的从业员，但是根据平时的经验，觉得拿得出毕业文凭来的不一定干练适用，所以宁愿把挑选的范围放宽，在"有同等程度者"中间也来挑选一下。第二，从这上边可以看出有了一张毕业文凭的，其被录取的机会并不特别多。他不但有同样有了一张毕业文凭的和他竞争，并且有"有同等程度者"和他竞争。这当儿，取得必胜之权的凭借不是一张文凭，而是货真价实的知识和训练。在"自学"或是"自己教育"上努力得愈多的人，他的被录取的机会也愈多。

就失学的人说来，这里就闪着一道希望的光。只管沉溺在苦闷之中，那惟有一直颓唐下去，结果把自己毁了完事。不如振作起来，在"自学"或是"自己教育"上努力。直到真个"有同等程度"的时候，直到真个有货真价实的知识和训练的时候，其并没有被摈在从业的希望的门外，不是和有了一张毕业文凭的人一样吗？

除了新式事业以外，还有许多的事业，如耕种，如贩卖，如小工艺的制作，细说起来，门类也就不少。这些事业，如果真没有办法参加进去做，我也说不出什么话。我不能从事实上没有办法之中说出办法来。但是，如果有一点办法可以参加进去的话，我以为这些事业都不妨做。在一些教训青年的书里，说到"择业"的时候往往有一套理论。事业要应合自己的兴趣哩，事业要发展自己的专长哩，还有其他的项目。其实这些都是好听的空话。一个人择业定要按照这许多项目，结果只好一辈子无业可做。事实上惟有碰到什么就做什么，只要那种事业不是害人的，例如当汉奸卖国，贩运毒品毒害人家。在碰到了一种事业的时候，你就专心一志去做，你能够抱着"自学"或是"自己教育"的信念，即使没兴趣的也会寻出兴趣来，即使不专长的也会练出专长来。同时你不必以此自限，这就是说，在你那事业所需要的知识和训练之外，更可以做其他的研修。这并不是游心外骛的意思。专力本业是当前献身的正轨，而别作研修是自己长育的良法，二者兼顾，一个人才会终身处在发展的程度之中。一朝研修有了相当的成就，而恰又碰到了另外一种事业可以应用这种成就的，你自然不妨放弃了从前的事业去做另外的事业。那时候你还是专心一志地做，和做从前的事业一样。请想想，如果所有从业的青年都像这样子，社会上的各种事业不将大大地改换面目，显出突飞猛进的气象吗？其时任何事业都像新式事业那样有着光明的前途，就从业员的收获说，也不至于会怎样不丰富。

以上的话，我以为不但对于给"失学"两字威胁着的青年有些用处，就是在校的或是从业的青年也可以从这里得到少许启示。诸位要相信，事实虽然是一垛坚固的墙壁，但在不超越事实的情形之下，觅取进展的途径，其权柄大部分还操在诸君自己的手里。能够"自学"或是"自己教育"的，在他前面等候着的往往不是苦闷而是成功！

1937年

导读 在本文中，夏丏尊提出了教育的三种背景：第一种背景是人；第二种背景是境遇和时代；第三种背景是教育者的人格。

教育的背景

不论绘画戏剧小说，凡是一种艺术，大概都应当有背景。背景就是将事物的情况烘托显现出来，叫人不但看见事物，并且在事物以外，受着别种感动刺激的一种周围的景象。事物的好坏，不是单独可以判定的，必须摆入一种背景的当中，方才可以认得它的真相，了解它的意义。所以在艺术上，这个背景很有重要的位置。

中国人一向不大讲究背景：画地是白的；戏剧里面的开门关门，光是用手装一个样子；车子只有两扇旗子，骑马也只有一支马鞭就算了。近来虽已经加了布景，但是不管戏情，用来用去，总是这几种老样式，也可算不讲究背景的证据了。至于古来的诗词，却颇多用背景的。用了背景，就添出许多的情趣。譬如"风萧萧兮易水寒，壮士一去兮不复还"，这可算得最悲壮的文字了。但是离开了第一句，便失却它悲壮的意味，因为第一句就是第二句的背景的缘故。其余如"暝色入高楼，有人楼上愁"，"落日照大旗，马鸣风萧萧"等许多好文章，也都可以用这个道理来说明它的好处。

从此看来，背景差不多可算艺术的生命了。教育从一种意义上说也是一种艺术，主张这一说的人近来很多。就是当初将教育组成为一种科学的海尔把尔脱也有这个意见：也应当有背景。没有背景的艺术不能叫做艺术。没有背景的教育也不能叫做教育。

什么叫做教育的背景？这个问题可分几层解释。

第一，我们所行的教育是人的教育，当然应当用人来做背景。人究竟是个什么？这原是最古的疑问，到现在还没有十分解决。原来人有两种方面：一种是动物的方面，就是肉的方面；一种是理性的方面，就是灵的方面。古今东西的哲人都从这两方面来解释人。因为注重的地方不同，就生出种种的意见来了。西洋史上显然有这两个潮流，希腊及罗马初期的人注重肉的方面；基督教徒注重灵的方面，就是前一潮流的反动。这两种主张彼此冲突，结果就变了宗教战争。文艺复兴以后到十九世纪，就是主肉主义全盛的时代，近来学者大概主张灵肉一致了。这个灵肉一致，在我们中国却是已经有过的思想。孔子所谓"从心所欲不逾矩"，就是灵肉一致的状态。

这个人字的解释将来不知还要如何变迁，现在的理想大概是灵肉一致了。所以我们看人不可看得太高，也不可看得太低。进化论一派的学者说人不过为生物的一种，这样看人未免太低。但是用一般所说的人为万物之灵、可以支配一切的看法来看人，也未免看得太高。这两种都不是人的真相。人原本是两面兼有的：一面有肉欲的本能，一面还有理性的本能；一面有利己的倾向，一面还有利他的倾向；一面有服从的运命，一面还有自由的要求。这两方面使他调和一致，不生冲突，这就是近代人的理想。近代伦理学上主张自我实现，教育上主张调和发达，也无非想满足这个要求。"不管学生将来入何等职业，先使他成功一个人。"卢骚这句话说在百年以前，到现在还是真理。现在普通教育中所列的科目，都是养成人的材料，不是教育之目的物，也不是学问。地理是从面的方面解释人生的，历史是从直的方面解释人生的，数学是锻炼人的头脑的，理科是说明人的周围及人与自然界之关系的，语言文字是了解人与人的思想的，体操是锻炼人的身体意志的，其他像手工农业等，虽似乎有点带着职业的色彩，但是在普通教育中，仍是注重陶冶品性的一面。总之，现在普通教育上所列的科目，除了以人为背景以外，完全是毫无意义的。若当作教育之目的物看，当作学问看，那就大错了。

我们中国办学已经二十年光景，这个道理好像大家还没有了解。社会上大概批评学校里的课程无用。有几种父兄竟要求学校说："我的子弟只要叫他学些国文算学。体操手工没有什么用场，不必叫他学。"普通学校里的学生也有专欢喜国文的，也有专欢喜数学的，也有专欢喜史地的。遇着洒扫劳动的作业，大家就都不耐烦。这种都是将材料当作目的物看、当作学问看、不当它养成人的方便看的缘故。不但社会和学生不晓得这个道理，就是教育者，不晓得这个道理的也很多。现在大多的教育者，无非将体操当作体操教，将算术当作算术教，将手工当作手工教罢了。

课程自课程，人自人，这种无背景的教育，就是再办几十年也没有什么效果。所以教育上第一件事是要以人为背景。

人是教育第一种的背景了。无论何物，不能离开空间与时间的两大关系，这个空间时间，在人就是境遇和时代了。不论英雄豪杰，都逃不了境遇和时代的支配。印度地处热带，山川动植物皆极伟大，自然界恍如扑倒人生，所以有佛教思想。中欧气候温和，山川柔媚，所以有自由思想。批评家看见绘画诗文，就是无名的，也能大略辨别它是哪代的制作。这都是人不能离开境遇和时代的证据。所以教育上，第二应当以境遇和时代为背景。

从前斯巴达以战争立国，奖励敏捷，教育上至提倡盗窃。这虽是已甚的例，足见时代和境遇所要求的知识，才是有用的知识。现在是何等时代，我们现在是何等境遇，这都是教育家所应当考求的问题。教育家虽然不能促进时代，改良境遇，断不可违背大势而误人子弟。已经这个时候了，还要去讲春秋的大义、冕旒的制度，教人读《李斯论》、《封建论》的文章，出《岳飞论》、《始皇论》的题目，学少林、天台派的拳棒，使学生变成半三不四的人物，学了几年，一切现在的制度，生活上应有的常识，仍旧茫然。这不是现在教育界的罪恶么？八股时代有一句讥诮读书人的话，说道"八股通世故不通"，现在的教育界能逃避这个讥诮么？

一国有一国的历史，自然不能样样模仿他人，但是一般的趋势，也应该张开眼来看看。一味的保守因袭，便有不合时宜、阻止进步的流弊。旧材料并非不可用，就是用这个材料的态度，很宜注意。一切历史上事实，无非人文进化的过程。这个过程，并无可宝贵的价值。若用了这些材料来说明现在的文化的来历，使人了解所以有新文化的道理和新文化的价值，自然是应该的事。若食古不化，拘泥了这个过程，这就是于现在生活无关系的用法，这种教育就是无背景的教育了。时势既到了今，不能再回到古去。历史上虽然也有复活的事实，但所谓复活者，并不是与前次一式一样，毫无变易的。譬如以前衣服流行大的，后来流行小的，近来又渐渐地流行大的了。近来的大的与以前的大的，究竟式样不同，以前的大，却不失为现在的大的过程。但若是要想拿来混充新的，这是万不能够的事。现在教育家只求博古，不屑通今，所以教育界中完全是尊古卑今的状态。十几岁的学生一动著笔便是古者如何，今则如何，居然也有"江河日下，世风不古"的一种遗老的口吻。这虽是他们思想枯窘聊以塞责的口头禅，也可算是教育不合时势的流毒了。所以要主张以境遇时代为教育的背景。

上面两种背景以外，还有第三种的背景，就是教育者的人格。现在的学校教育是学店的教育，教育者与被教育者的中间但有知识的授受，毫无人格上的接触；简直一句话，教育者是卖知识的人，被教育者是买知识的人罢了。机械的大家卖来卖去，试问这种知识有什么用处？真正的教育需完成被教育者的人格，知识不过人格一部分，不是人格的全体。现在学校教育何尝无管理训练，但是这个管理训练与教授绝对的无关系。教育者大概平日只负教授的责任，遇着管理训练的时候，便带起一副假面具，与平时绝对成两样的态度了。这种管理训练除了以记过除名为后盾以外，完全不能发生效力。而且愈发生效力，结果愈不好，因为于人格无关系的缘故。

人格恰如一种魔力，从人格发出来的行动，自然使人受着强大的感化。同是一句话，因说话者人格的不同，效力亦往往不同。这就是有人格的背景与否的分别。空城计只好让诸葛亮摆的，换了别个便失败了；诸葛亮也只好摆一次的，摆第二次便不灵了。

"以言教者讼，以身教者从"，教育者必须有相当的人格，被教育者方能心悦诚服。只靠规则是靠不住的。我说这句话的意思，并不是凡是教育者必须贤人圣人。理想的人物本是不可多得的，我并不要求教育者皆有完美之人格。原来学校所行的教育，都不过是一种端绪，一切教科，无非是基本的事项，不是全体。所以教育者于人格方面，也只求能表示基本的端绪够了。这个人格的基本端绪，比了教科的基本端绪成就虽难，但是不能说这是无理的要求。

这三种是教育的背景，教育离开了这三种，就无意义。试问现在的教育用什么做背景？有没有背景？

1919年

导读 　夏丏尊在本文中谈的中学生应具备的国文能力、阅读及写作，与中国当代的语文教育似乎有天然的契合。一张中学的语文卷纸无非就是基础知识、阅读理解和作文，虽然这里所说的阅读与夏丏尊所说的阅读并不相同。

关于国文的学习

一　引　言

摆在我面前的题目是《关于国文的学习》，就是要对中学生诸君谈谈国文的学习法。我虽曾在好几个中学校任过好几年国文科教员，对于这任务，却不敢自信能胜任愉快。因为这题目范围实在太广了，一时无从说起，并且自古迄今，已不知有若干人说过若干的话，著过若干的书；即在现在，诸君平日在国文课里，也许已经听得耳朵要起茧哩。我即使说，也只是些老生常谈而已。

我敢在这里声明，以下所说的不出老生常谈。把老生常谈择要选取来加以演述，使中学生诸君容易领会，因而得着好处，是我的目的。这目的如果能达到若干，那就是我对于中学生诸君的贡献了。

二　中学生应具的国文能力

"国文"二字，是无止境的。要谈中学生的国文学习法，先须预定中学生应具的国文程度。有了一定的程度，然后学习才有目标，也才有学习法可言。

诸君是中学生，对于毕业时的国文科的学力，各自作怎样的要求，我原不知道，想来是必各怀着一种期待吧。我做了许多年的中学国文教员，对于国文科的学力，曾在心中主观地描绘过一个理想的中学生，至今尚这样描绘着。现在试把这理想的人介绍给诸君相识。

他能从文字上理解他人的思想感情，用文字发表自己的思想感情，而且能不至于十分理解错，发表错。

他是一个中国人，能知道中国文化及思想的大概。知道中国的普通成语与辞类，遇不知道时，能利用工具书自己查检。他也许不能用古文来写作，却能看得懂普通的旧典籍；他不必一定会作诗、作赋、作词、作小说、作剧本，却能知道什么是诗、是赋、是词、是小说、是剧本，加以鉴赏。他虽不能博览古昔典籍，却能知道普通典籍的名称、构造、性质、作者及内容大略。

他又是一个世界上的人，一个二十世纪的人，他也许不能直读外国原书，博通他国情形，但因平日的留意，能知道全世界普通的古今事项，知道周比特（Jupiter）、阿普罗（Apollo）、委娜斯（Venus）等类名词的出处，知道"三位一体"、"第三国际"等类名词的意义，知道荷马（Homer）、拜伦（Byron）是什么人，知道《神曲》（《Devine Comedy》）、《失乐园》（《Paradise Lost》）是谁的著作，不会把"梅德林克"误解作乐器中的曼陀铃，把"伯纳特·萧"误解作是一种可吹的箫（这是我新近在某中学校中听到的笑话，这笑话曾发生于某国文教员）！

我理想中所期待悬拟的中学毕业生的国文科的程度是这样。这期待也许有人以为太过分，但我自信却不然。中学毕业生是知识界的中等分子，常识应该够得上水平线。具备了这水平线的程度，然后升学的可以进窥各项专门学问，不至于到大学里还要听名词动词的文法，读一篇一篇的选文。不升学的可以应付实际生活，自己补修起来也才有门径。

现在再试将十八年八月教育部颁行的《中学课程暂行标准》中所规定的高

中及初中的毕业最低限度抄列如下。

（甲）高中国文科毕业最低限度：

（一）曾精读名著六种而能了解与欣赏。

（二）曾略读名著十二种而能大致了解欣赏。

（三）能于中国学术思想、文学流变、文字构造、文法及修辞等有简括的常识。

（四）能自由运用语体文及平易的文言文作叙事说理表情达意的文字。

（五）能自由运用最低限度的工具书。

（六）略能检用古文书籍。

（乙）初中国文科毕业最低限度：

（一）曾精读选文，能透彻了解并熟习至少一百篇。

（二）曾略读名著十二种，能了解大意，并记忆其主要部分。

（三）能略知一般名著的种类、名称，图书馆及工具书籍的使用，自由参考阅读。

（四）能欣赏浅近的文学作品。

（五）能以语体文作充畅的文字，无文法上的错误。

（六）能阅览平易的文言文书籍。

把我所虚拟的中学生的国文程度和教育部所规定的中学生国文科毕业最低限度两相比较，似乎也差不多。不过教育部的规定把初中、高中截分为二，我则泛就了中学生设想而已。

现在试姑把这定为水平线，当作一种学习的目标。那么怎样去达这目标呢？这就是本文所欲说的了。

三　关于阅读

依文字的本质来说，国文的学习途径，普通是阅读与写作二种。阅读就是我在前面所说的"从文字上理解他人的思想感情"的事，写作就是我在前面所说的"用文字发表自己的思想感情"的事。能阅读，能写作，学习文字的目的就已算达到了。

先谈阅读。

"阅读什么？"这是我屡从我的学生及一般青年接到的问题。关于这问题，曾有好几个人开过几个书目。如胡适的《最低限度的国学书目》，梁启超的《国学入门书要目》，此外还有许多人发过不少零碎的意见。我在这里却不想依据这些意见，因为"国文"与"国学"不同，而且那些书目也不是为现在肄业中学校的诸君开列的。

就眼前的实况说，中学国文尚无标准读本。中学国文课程中的读物，大部分是选文。别于课外由教师酌定若干整册的书籍作为补充。一般的情形既不过如此，当然谈不到什么高远的不合实际的议论。我在本文中只拟先就选文与教师指定的课外书籍加以说述，然后再涉及一般的阅读。

今天选读一篇冰心的小说，明天来一篇柳宗元的游记，再过一日来一篇《史记》列传，教师走马灯式地讲授，学生打着呵欠敷衍，或则私自携别书观览，这是普通学校中国文教室中的一般情形。本文是只对学生诸君说的，教师方面的话姑且不提，只就学习者方面来说。中学国文课中既以选文为重要成分，占着时间的大部分，应该好好地加以利用。为防止教师随便敷衍计，我以为不妨由学生预先请求教师定就一学年或半学年的选文系统，决定这学年共约选若干篇文字；内容方面，属于思想的若干篇，属于文艺的若干篇，属于常识或偶发事项的若干篇，属于实用的若干篇；形式方面，属于记叙体的若干篇，属于议论体的若干篇，属于传记或小说的若干篇，属于戏剧或诗歌的若干篇，属于书简或小品的若干篇（此种预计，只要做教师的不十分拆烂污，照理应该不待学生请求，自己为之）。材料既经定好，对于选文，应该注意切实学习。

我以为最好以选文为中心，多方学习，不要把学习的范围限在选文本身。

因为每学年所授的选文为数无几，至多不过几十篇而已。选文占着国文正课的重要部分，如果于一学年之中仅就了几十篇文字本身，得知其内容与形式，虽然试验时可以通过，究竟得益很微，不能算是善学者。受到一篇选文，对于其本身的形式与内容，原该首先理解，还须进而由此出发，作种种有关系的探究，以扩张其知识。例如教师今日选授陶潜的《桃花源记》，我以为学习的方面可有下列种种。

（1）求了解文中未熟知的字与辞。

（2）求了解全文的意趣与各节各句的意义。

（3）文句之中如有不能用旧有的文法知识说明者，须求得其解释。

（4）依据了此文玩索记叙文的作法。

（5）借此领略晋文风格的一斑。

（6）求知作者陶潜的事略，旁及其传记与别的诗文。最好乘此机会去一翻《陶集》。

（7）借此领略所谓乌托邦思想。

（8）追求作者思想的时代的背景。

一篇短短的《桃花源记》，于供给文法文句上的新知识以外，还可借以知道记叙文的体式，晋文的风格，乌托邦思想的一斑，陶潜的传略，晋代的状况，等等。如此以某篇文字为中心，就有关系的各方面扩张了学去，有不能解决的事项，则翻书查字典或请求教师指导，那么读过一篇文字，不但收得其本身的效果，还可连带了习得种种的知识，较之胡乱读过就算者真有天渊之差了。知识不是孤立可以求得的，必须有所凭借，就某一点分头扩张追讨，愈追讨关联愈多，范围也愈广。好比雪球，愈滚愈会加大起来。

以上所说的是对于选文的学习法，以下再谈整册的书的阅读。

整册的书，应读哪几种？怎样规定范围？这是一个麻烦的问题。我以为中学生的读书的范围，可分下列的几种。

（1）因选文而旁及的。如因读《桃花源记》而去读《陶集》，读《无何有乡见闻记》（威廉·马列斯著）；因读司马谈的《论六家要旨》而去读《论语》、《老子》、《韩非子》、《墨子》，等等。

（2）中国普通人该知道的。如"四书"、"四史"、"五经"，周秦诸子，著名的唐人的诗，宋人的词，元人的曲，著名的旧小说，时下的名作。

（3）全世界所认为常识的。如基督教的《旧约》、《新约》，希猎的神话，各国近代代表的文艺名作。

不消说，上列的许多书，要一一全体阅读，在中学生是不可能的。但无论如何要当作课外读物尽量加以涉猎，有的竟须全阅或精读。举例来说，"四书"须全体阅读，诸子则可选择读几篇，诗与词可读前人选本，《旧约》可选读《创世记》、《约伯记》、《雅歌》、《箴言》诸篇，《新约》可就《四福音》中择一阅读。无论全读或略读，一书到手，最好先读序，次看目录，了解该书的组织，知道有若干篇，若干卷，若干分目，然后再去翻阅全书，明白其大概的体式，择要读去。例如读《春秋》、《左传》，先须知道什么叫经，什么叫传，从什么公起到什么公止。读《史记》，先须知道本纪、世家、列传、书、表等等的体式。

近来有一种坏风气，大家读书不喜欢努力于基本的学修，而好作空泛工夫。普通的学生案头有胡适的《中国哲学史大纲》、《白话文学史》，顾颉刚的《古史辨》，有《欧洲文学史》，有《印度哲学概论》。问他读过"四书"、"五经"、周秦诸子的书吗？不曾。问他读过若干唐宋人的诗词集子吗？不曾。问他读过古代历史吗？不曾。问他读过各派代表的若干小说吗？不曾。问他读过欧洲文艺中重要的若干作品吗？不曾。问他读过若干小乘大乘的经典吗？不曾。这种空泛的读书法，觉得大有纠正的必要。例如胡适的《中国哲学史大纲》原是好书，但在未读过《论语》、《孟子》、《老子》、《庄子》、《墨子》等原书的人去读，实在不能得很大的利益。知道了《春秋》、《左传》、《论语》等原书的大概轮廓，然后去读《哲学史》中的关于孔子的一部分，读过几篇《庄子》，然后再去翻阅《哲学史》中关于庄子的一部分，才会有意义，才会有真利益。先得了孔子、庄子思想的基本的概念，再去讨求关于孔子、庄子思想的评释，才是顺路。用譬喻说，《论语》、《春秋》、《诗经》、《礼记》是一堆有孔的小钱，《哲学史》的孔子一节是把这些小钱贯串起来的钱索子，《庄子》中《逍遥游》、《大宗师》等一篇一篇的文字也是小钱，《哲学史》中庄子一节是钱索子。没有钱索子，不能把一个一个的零乱的小钱加以贯串整理，固然不愉快，但只有了一根钱索子，而没有许多可贯串的小钱，究竟也觉无谓。我敢奉劝大家，先读些中国关于哲学的原书，再去读哲学史；先读些《诗经》及汉以下的诗集词集，再去读文学史；先读些古代历史书籍，再去读《古史辨》，万一必不得已，也应一壁读哲学史文学史，一壁翻原书，以求知识的充实。钱索子原是用以串零零碎碎的小钱的，如果你有了钱索子而没有可串的许多小钱，那么你该反其道而行之，去找寻许多小钱来串才是。

话不觉说得太絮叨了。关于阅读的范围，就此结束。以下试讲一般的阅读方法。

第一是理解。理解又可分两方面来说。(1) 关于辞句的；(2) 关于全文的。关于辞句的理解，不外乎从辞义的解释入手，次之是文法知识的运用。辞义的解释如不正确，不但读不通眼前的文字，结果还会于写作时露出毛病。因为我们在阅读时收得的辞义，不彻底明白，写作时就不知不觉地施用，闹出笑话来（笑话的构成有种种条件，而辞义的误用是重要条件之一）。文字不通的原因，非文法不合即用辞与意思不符之故。"名教"、"概念"、"观念"、"幽默"等类名辞的误用，是常可在青年所写的文字中见到的，这就可证明他们当把这些名辞装入脑中去的时候，并未得到正当的解释。每逢见到新辞新语，务须求得正解，多翻字典多问师友，切不可任其含糊。

辞义的解释正确了，逐句的文句已可通解了，那么就可说能理解全文了吗？尚未。文字的理解，最要紧的是捕捉大意或要旨，否则逐句虽已理解，对于全文仍难免有不得要领之弊。一篇文字，全体必有一个中心思想，每节每段也必有一个要旨。文字虽有几千字或几万字，其中全文中心思想与每节每段的要旨，却是可以用一句话或几个字来包括的。阅读的人如不能抽出这潜藏在文字背后的真意，只就每句的文字表面支离求解，结果每句是懂了，而全文的真意所在仍是茫然。本稿字数有限，冗长的文例是无法举的，为使大家便于了解着想，略举一二部分的短例如下。

> 当此之时，天下之大，万民之众，王侯之威，谋臣之权，皆欲决于苏秦之策；不费斗粮，未烦一兵，未战一士，未绝一弦，未折一矢，诸侯相亲，贤于兄弟。
>
> ——《战国策》

"天下之大"以下同形式数句，只是"全世"之意；从"不"字句起至一连数句"未"什么，只是"不战"二字之意而已。

> 外物不可必，故龙逢诛，比干戮，箕子狂，恶来死，桀纣亡。人主莫不欲其臣之忠，而忠未必信；故伍员流于江，苌弘死于蜀，藏其血，三年而化为碧。人亲莫不欲其子之孝，而孝未必爱；故孝已忧而曾参悲。
>
> ——《庄子·外物篇》

这段文字，要旨只是第一句"外物不可必"五字，其余只是敷衍这五字的例证。

> ……大家来至秦氏卧房。刚至房中，便有一股细细的甜香。宝玉此时便觉得眼饧骨软，连说好香。入房向壁上看时，有唐伯虎画的《海棠春睡图》，两边有宋学士秦太虚写的一副对联："嫩寒锁梦因春冷，芳气袭人是酒香。"案上设着武则天当日镜室中设的宝镜，一边摆着赵飞燕立着舞的金盘，盘内盛着安禄山掷过伤了太真乳的木瓜，上面设着寿阳公主于含章

殿下卧的宝榻，悬的是同昌公主制的连珠帐。……

——《红楼梦》第五回

把房中陈设写得如此天花乱坠，作者的本意，只是想表出贾家的富丽与秦氏的轻艳而已。

对于一篇文字，用了这样概括的方法，逐步读去，必能求得各节各段的要旨，及全文的真意所在，把长长的文字归纳于简单的一个概念之中，记忆既易，装在脑子里也可免了乱杂。用譬喻来说，长长的文字，好比一大碗有颜色的水，我们想收得其中的颜色，最好能使之凝积成一小小的颜色块，弃去清水，把小小的颜色块带在身边走。

理解以外，还有所谓鉴赏的一种重要工夫须做，对于某篇文字要了解其中的各句各段及其全文旨趣所在，这是属于理解的事。想知道其每句每段或全文的好处所在，这是属于鉴赏的事。阅读了好文字，如果只能理解其意义，而不能知道其好处，犹如对了一幅名画，只辨识了些其中画着的人物或椅子、树木等等，而不去领略那全幅画的美点一样。何等可惜！

鉴赏因了人的程度而不同，诸君于第一年级读过的好文字，到第二年级再读时，会感到有不同的处所，到毕业后再读，就会更觉不同了。从前的所谓好处，到后来有的会觉得并不好，此外别有好的处所，有的或竟更觉得比前可爱。我幼年读唐诗时，曾把好的句加圈。近来偶然拿出旧书来看，就不禁自笑幼稚，发见有许多不对的地方，有好句子而不圈的，有句子并不甚好而圈着的。这种经验，我想一定人人都有，不但对于文字如此，对于书法、绘画，乃至对于整个的人生都如此的。

鉴赏的能力既因人而异，因时而异，关于鉴赏，要想说出一个方法来，原是很不容易的事。姑且把我的经验与所见约略写出一二，以供读者诸君参考。

据我的经验，鉴赏的第一条件，是把"我"放入所鉴赏的对象中去，两相比较。一壁读，一壁自问，"如果叫我来说，将怎样？"对于全体的布局，这样问；对于各句或句与句的关系，这样问；对于每句的字，也这样问。经这样一问，可生出三种不同的答案来。

（甲）与我的说法相合或差不多，我也能说。觉得并没有什么。

（乙）我心中早有此意见或感想，可是说不出来，现在却由作者替我代为说出了。觉到一种快悦。

（丙）说法和我全不同，觉得格格不相入。

三种之中属于（甲）的，是平常的文字（在读者看来）；属于（乙）的，是好文字。属于（丙）的怎样？是否一定是不好的文字？不然。如前所说，鉴赏因人而不同，因时而不同，所鉴赏的文字与鉴赏者的程度如果相差太远，鉴赏的作用就无从成立。"仁者见仁，智者见智"，"英雄识英雄"，是相当可信的话。诸君遇到属于（丙）类的文字时，如果这文字是平常的作品，能确认出错误的处所来，那么直斥之为坏的不好的文字，原无不可。倘然那文字是有定评的名作，那就应该虚心反省，把自己未能同意的事，暂认为能力尚未到此境地，益自奋励。这不但文字如此，书法、绘画，无一不然。康有为、沈寐叟的书法是有定评的，可是在市侩却以为不如汪洵的好；最近西洋立体派未来派的画，在乡下土老看来，当然不及曼陀、丁悚的月份牌仕女画来得悦目。

鉴赏的第二要件是冷静。鉴赏有时称"玩赏"，诸君在厅堂上挂着的画幅上，他人手中有书画的扇面上，不是常有见到某某先生"清玩"，或"雅鉴"、"清赏"等类的字样吗？"玩"和"鉴"与"赏"有关。这"玩"字大有意味。普通所谓"玩"者，差不多含有游戏的态度，就是"无所为而为"，除了这事的本身以外，别无其他目的的意味。读小说时，如果急急要想知道全体的梗概，热心地"未知以后如何，且看下回分解"地急忙读去，虽有好文字，恐也无从玩味，看不出来，第二次第三次再读，就不同了。因为这时对于全书梗概已经了然，不必再着急，文字的好歹也因而容易看出。将我自己的经验当作例子来说，《红楼梦》第三回中黛玉初到贾府与宝玉第一次见面时，写道：

> 宝玉看毕笑道："这个妹妹我曾见过的。"贾母笑道："可又是胡说，你何曾见过她。"宝玉笑道："虽然未曾见过她，然看着面善，心里倒像是旧相识，恍若远别重逢一般。"

我很赞赏这段文字。因为这一对男女主人公，过去在三生石上赤霞宫中有着那样长久的历史，以后还有许多纠葛，在初会见时，做宝玉的恐怕除了这样说，别无更好的说法的了，故可算得是好文字。可是我对于这几句文字的好处，直到读了数遍以后才发见。（《红楼梦》我曾读过十次以上）这是玩味的结果，并不是初读时就知道的。

好的作品至少要读二遍以上。最初读时不妨以收得梗概、了解大意为主眼，再读时就须留心鉴赏了。用了"玩"的心情，冷静地去对付作品，不可再囫囵吞咽，要仔细咀嚼。诗要反复地吟，词要低徊地诵，文要周回地默读，小说要耐心地细看！

把前人鉴赏的结果拿来做参考，足以发达鉴赏力。读词读诗不感到兴趣的，不妨去择一部诗话或词话读读；读小说不感到兴趣的，不妨去一阅有人批过的本子。诗话、词话、文评、小说评，是前人鉴赏的记录，能教示我们以诗词文或小说的好处所在，大足为鉴赏上的指导。举例来说：《水浒》中写潘金莲调戏武松的一节，自"叔叔万福"起，至"叔叔不会簇火，我与叔叔拨火，要似火盆常热便好"，一直数十句谈话都称"叔叔"，下文接着写道："那妇人……便放了火箸，却筛一盏酒来自呷了一口，剩了大半盏看着武松道：'你若有心吃了这半盏儿残酒。'"金圣叹在这下面批着："写淫妇便是活淫妇。""以上凡叫过三十九个'叔叔'，忽然换一个'你'字，妙心妙笔。"

这"叔叔"与"你"的突然的变化，其妙处在普通的读者也许不易领会，或者竟不能领会，但一经圣叹点出，就容易知道了。

但须注意，前人的诗话词话文评小说评，是前人鉴赏的结果。用以帮助自己的鉴赏能力则可，自己须由此出发，更用了自己的眼识去鉴赏，切不可为所拘执。前人的鉴赏法有好的也有坏的。特别是文评，从来以八股的眼光来评文的甚多，什么"起承转合"，什么"来龙去脉"，诸如此类，从今日看去实属可哂，用不着再去蹈袭了。

四　关于写作

从古以来，关于作文不知已有过多少的金言玉律。什么"推敲"咧，"多读多作多商量"咧，"文以达意为工"咧，"文必己出"咧，诸如此类的话，不遑枚举，在我看来，似乎都只是大同小异的东西，举一可概其余的。例如"推敲"与"商量"固然差不多，再按之，不"多读"，则识辞不多，积理不丰，也就无从"商量"，无从"推敲"，因而也就无从"多作"了。因为"作"不是叫你随便地把"且夫天下之人"瞎写几张，乃是要作的。至于"达意"，仍是一句老话头，唯其与"意"尚未相吻合，尚未适切，故有"推敲"、"商量"的必要，"推敲"、"商量"的目的，无非就在"达意"而已。至于"文必己出"亦然。要达的是"己"的意，不是他人的意，自己的意要想把它达出，当然只好"己出"，不能"他出"，又因要想真个把"己"达出，"推敲"、"商量"的工夫就不可少了。此外如"修辞立其诚"咧，"文贵自然"咧，也都可作同样的解释，只是字面上的不同罢了。佛法中有"一即一切"、"一切即一"的话，我觉得从古以来古人所遗留下来的文章诀窍亦如此。

我曾在本稿开始时声明，我所能说的只是老生常谈。关于写作，我所能说的更是老生常谈中之老生常谈。以下我将从许多老生常谈中选出若干适合于中学生诸君的条件，加以演述。

关于写作，第一可发生的问题是："写作些什么?"第二是："怎样写作?"

现在先谈："写作些什么?"

先来介绍一个笑话：从前有一个秀才，有一天伏在案头做文章，因为做不出，皱起了眉头，唉声叹气，样子很苦痛。他的妻在旁嘲笑了说："看你做文章的样子，比我们女人生产还苦呢！"秀才答道："这当然！你们女人的生产是肚子里先有东西的，还不算苦。我的做文章，是要从空的肚子里叫它生产出来，那才真是苦啊！"真的，文章原是发表自己的思想感情的东西，要有思想感情，才能写得出来，那秀才肚子里根本空空的没有货色，却要硬做文章，当然比女人生产要苦了。

照理，无论是谁，只要不是白痴，肚子里必有思想感情，决不会是全然空虚的。从前正式的文章是八股文，八股文须代圣人立言，《论语》中的题目，须用孔子的口气来说，《孟子》中的题目，须用孟子的口气来说，那秀才因为对于孔子孟子的化装，未曾熟习，肚子里虽也许装满着目前的"想中举人"咧，"点翰林"咧，"要给妻买香粉"咧，以及关于柴米油盐等琐屑的思想感情，但都不是孔子、孟子所该说的，一律不能入文，思想感情虽有而等于无，故有做不出文章的苦痛。我们生当现在，已不必再受此种束缚，肚子里有什么思想感情，尽可自由发挥，写成文字。并且文字的形式也不必如从前地要有定律，日记好算文章，随笔也好算文章。作诗不必限字数、讲对仗，也不必一定用韵，长短自由，题目随意。一切和从前相较，算是自由已极的了。

那么凡是思想感情，一经表出，就可成为文章了吗？这却也没有这样简单。当我们有疾病的时候，"我恐这病不轻"是一种思想的发露，但写了出来，不好就算是文章。"苦啊！"是一种感情的表示，但写了出来也不好算是文章。文章的内容是思想感情，所谓思想感情，不是单独的，是由若干思想或感情复合而成的东西。"交朋友要小心"不是文章，以此为中心，把"所以要小心"、"怎样小心法"、"古来某人曾怎样交友"等等的思想组织地系统地写出，使它成了某种有规模的东西，才是文章。"今天真快活"不是文章，把"所以快活的事由"、"那事件的状况"等等记出，写成一封给朋友看的书信或一则自己看的日记，才是文章。

文章普通有两种体式，一是实用的，一是趣味的。实用的文章为处置日常的实际生活而说，通常只把意思（思想感情）老实简单地记出，就可以了。诸君于年假将到时，用明信片通知家里，说校中几时放假，届时叫人来挑铺盖行李咧，在拍纸簿上写一张向朋友借书的条子咧，以及汇钱若干叫书店寄书册的信咧，拟校友会或寄宿舍小团体的规约咧，都是实用文。至于趣味的文章，是并无生活上的必要的，至少可以说是与个人眼前的生活关系不大，如果懒惰些，不做也没有什么不可。诸君平日在国文课堂上所受到的或自己想做的文章题目，如"同乐会记事"咧，"一个感想"咧，"文学与人生"咧，"悼某君之死"咧，"个人与社会"咧，小说咧，戏剧咧，新诗咧，都属于这一类。这类文章和个人实际生活关系很远，世间尽有不做这类文章，每日只写几张似通非通的便条子或实务信，安闲地生活着的人们。在中国的工商社会中，大部分的人就都如此。这类文章，用了浅薄的眼光从实际生活上看来，关系原甚少，但一般地所谓正式的文章，大都属在这一类里。我们现今所想学习的（虽然也包括实用文）也是这一类。这是什么缘故呢？原来人有爱美心与发表欲，迫于实用的时候，固然不得已地要利用文字来写出表意，即明知其对于实用无关，也想把其五官所接触的、心所感触的写出来示人，不能自已。这种欲望是一切艺术的根源，应该加以重视。学校中的作文课，就是为使青年满足这欲望、发达这欲望而设的。

话又说远去了，那么究竟写作些什么呢？实用的文章内容是有一定的，借书只是借书，约会只是约会，只要把意思直截简单地写出，无文法上的错误，不写别字，合乎一定的格式就够了，似乎无须多说。以下试就一般的文章来谈："写作些什么？"

秀才从空肚子里产出文章，难于女人产小孩；诸君生在现代，不必抛了现在自己的思想感情，去代圣人立言，肚子决无空虚的道理。"花的开落"、"月的圆缺"、"父母的爱"、"家庭的悲欢"、"朋友的交际"，都在诸君经验范围之内，"国内的纷争"、"生活的方向"、"社会的趋势"、"物价的高下"、"风俗的变更"，又为诸君观想所系。材料既无所不有。教师在作文课中常替诸君规定题目，叫诸君就题发挥，限定写一件什么事或谈一件什么理。这样说来，"写作些什么?"在现在的学生似乎是不成问题了的。可是事实却不然。所谓写作,在某种意味上说,真等于母亲生产小孩。我们肚里虽有许多的思想感情,如果那思想感情未曾成熟,犹之胎儿发育未全,即使勉强生了下来,也是不完全的无生命的东西。文章的题目不论由于教师命题,或由于自己的感触,要之只不过是基本的胚种,我们要把这胚种多方培育,使之发达,或从经验中收得肥料,或从书册上吸取阳光,或从朋友谈话中供给水分,行住坐卧都关心于胚种的完成。如果是记事文,应把那要记的事物从各方面详加观察。如果是叙事文,应把那要叙的事件的经过逐一考查。如果是议论文,应寻出确切的理由,再从各方面引了例证,加以证明,使所立的断案坚牢不倒。归结一句话,对于题目,客观地须有确实丰富的知识(记叙文),主观地须有自己的见解与感触(议论文感想文)。把这些知识或见解与感触打成一片,结为一团,这就是"写作些什么"问题中的"什么"了。

有了某种意见或欲望,觉得非写出来给人看不可,于是写成一篇文章,再对于这文章附加一个题目上去。这是正当的顺序。至于命题作文,是先有题目后找文章,照自然的顺序说来,原不甚妥当。但为防止抄袭计,为叫人练习某一定体式的文字计,命题却是一种好方法。近来学校教育上大多数也仍把这方法沿用着,凡正课的作文,大概由教师命题,叫学生写作。这种方式对于诸君也许有多少不自由的处所,但善用之,也有许多利益可得。(1)因了教师的命题,可学得捕捉文章题材的方法。(2)可学得敏捷搜集关系材料的本领。(3)可周遍地养成各种文体的写作能力。写作是一种郁积的发泄,犹之爆竹的遇火爆发。教师所命的题目,只是一条药线,如果诸君是平日储备着火药的,遇到火就会爆发起来,感到一种郁积发泄的愉快,若自己平日不随处留意,临时又懒去搜集,火药一无所有,那么,遇到题目,只能就题目随便勉强敷衍几句,犹之不会爆发的空爆竹,虽用火点着了药线,只是"刺"地一声,把药线烧毕就完了。"写作些什么"的"什么",无论自由写作或命题写作,只靠临时搜集,是不够的。最好是预先多方注意,从读过的书里,从见到的世相里,从自己的体验里，从朋友的谈话里，广事吸收。或把它零零碎碎地记入笔记册中，以免遗忘，或把它分了类各个装入头脑里，以便触类记及。

再谈："怎样写作?"

关于写作的方法，我在这里不想对诸君多说别的，只想举出很简单的两个标准。(1) 曰明了。(2) 曰适当。写作文章目的，在将自己的思想感情传给他人。如果他人不易从我的文章上看取我的真意所在，或看取了而要误解，那就是我的失败。要想使人易解，故宜明了；为防人误解，故宜适当。我在前面曾说过：自古以来的文章诀窍，虽说法各个不同，其实只是同一的东西。这里所举的"明了"与"适当"，也只是一种的意义，因为不"明了"就不能"适当"，既"适当"就自然"明了"的。为说明上的便利计，姑且把它分开来说。

明了宜从两方面求之：(1) 文句形式上的明了。(2) 内容意义上的明了。

文句形式上的明了，就是寻常的所谓"通"。欲求文句形式上的明了，第一须注意的是句的构造和句与句间的接合呼应。句的构造如不合法，那一句就不明了；句与句间的接合呼应如不完密，就各句独立了看，或许意义可通，但连起来看去，仍然令人莫名其妙。这样的例子，举不胜举。例如：

> 发展这些文化的民族，当然不可指定就是一个民族的成绩，既不可说都是华族的创造，也不可说其他民族毫不知进步。

这是某书局出版的初中教本《本国历史》中的文字，首句的"民族"与次句的"成绩"前后失了照应，"不可说"的"可"字也有毛病。又该书于叙述黄帝与蚩尤的战争以后，写道：

> 这种经过，虽未必全可信，如蚩尤的能用铜器，似乎非这时所知。不过，当时必有这样战争的事实：始为古人所惊异而传演下来，况且在农业初期人口发展以后，这种冲突，也是应有的现象。

这也是在句子上及句与句间的接合上有毛病的文字。试再举一例：

> 我们应当知道，教育这件事，不单指学校课本而言，此外更有所谓参
> 考和其他课外读物。而且丰富和活的生命大概是后者而不是前者所产
> 生的。

这是某会新近发表的《读书运动特刊》中《读书会宣言》里的文字。似乎辞句
上也含着许多毛病。上二例的毛病在哪里呢？本稿篇幅有限，为避麻烦计，恕
不一一指出，诸君可自己寻求，或去请问教师。

初中的《历史教本》会不通，《读书会宣言》会不通，不能不说是"奇
谈"了，可是事实竟这样！足见"通字"的难讲，一不小心，就会不通的。我
敢奉劝诸君，从初年级就把简单的文法（或语法）学习一过，对于辞性的识别
及句的构造法，具备一种概略的知识。万一教师在正课中不授文法，也得在课
外自己学习。

句的构造与句与句间的接合呼应，如果不明了，就要不通。明了还有第二
方面，就是内容意义上的明了。句的构造合法了，句与句间的接合呼应适当
了，如果那文字可作两种的解释（普通称为歧义），或用辞与其所想表示的意
义不确切，则形式上虽已完整，但仍不能算是明了。

> 无美学的知识的人，怎能作细密的绘画的批评呢？

这是有歧义的一例。"细密的绘画"的批评呢，还是细密的"绘画的批评"？殊
不确定。

> 用辅导方法，使初级中学学生自己获得门径，鉴赏书籍，踏实治学。

（读"文"，作"文"，"体察人间"）

这是某书局《初中国文教本编辑要旨》中的一条可以作为用辞与其所想表示的意义不确切的例子。"鉴赏书籍"，这话看去好像收藏家在玩赏宋版书与明版书，或装订作主人在批评封面制本上的格式哩。我想作者的本意必不如此。这就是所谓用辞不确切了。"踏实治学"一句，"踏实"很费解，说"治学"，陈义殊嫌太高。此外如"体察人间"的"人间"一语，似乎也有可商量的余地。

内容意义的不明了，由于文辞有歧义与用辞不确切。前者可由文法知识来救济，至于后者，则须别从各方面留心。用辞确切，是一件至难之事。自来各文家都曾于此煞费苦心。诸君如要想用辞确切，积极的方法是多认识辞，对于各辞具有敏感，在许多类似的辞中，能辨知何者范围较大，何者较小，何者最狭，何者程度最强，何者较弱，何者最弱。消极的方法，是不在文中使用自己尚未十分明知其意义的辞。想使用某一辞的时候，如自觉有可疑之处，先检查字典，到彻底明白然后用入。否则含混用去，必有露出破绽来的时候的。

以上所说是关于明了一方面的，以下再谈到适当。明了是形式上与部分上的条件，适当是全体上态度上的条件。

我们写作文字，当然先有读者存在的预想的，所谓好的文字就是使读者容易领略、感动、乐于阅读的文字。诸君当执笔为文的时候，第一，不要忘记有读者；第二，须努力以求适合读者的心情，要使读者在你的文字中得到兴趣或快悦，不要使读者得着厌倦。

文字既应以读者为对象，首先须顾虑的是：（1）读者的性质，（2）作者与读者的关系，（3）写作这文的动机等等。对本地人应该用本地话来说，对父兄应自处子弟的地位。如写作的动机是为了实用，那么用不着无谓的修饰；如果要想用文字煽动读者，则当设法加入种种使人兴奋的手段。文字的好与坏，第一步虽当注意于造句用辞，求其明了；第二步还须进而求全体的适当。对人适当，对时适当，对地适当，对目的适当。一不适当，就有毛病。关于此，日本文章学家五十岚力氏有"六W说"，所谓六W者：

(1) 为什么作这文？（Why）

(2) 在这文中所要述的是什么？（What）

(3) 谁在作这文？（Who）

(4) 在什么地方作这文？（Where）

(5) 在什么时候作这文？（When）

(6) 怎样作这文？（How）

归结起来说，就是

"谁对了谁，为了什么，在什么地方，什么时候，用了什么方法，讲什么话。"

诸君作文时，最好就了这六项逐一自己审究。所谓适当的文字，就只是合乎这六项答案的文字而已。我曾取了五十岚力氏的意思作过一篇《作文的基本的态度》，附录在《文章作法》（开明书店出版）里，请诸君就以参考。这里不详述了。

本稿已超过预定的字数，我的老生常谈也已絮絮叨叨地说得连自己都要不耐烦了。请读者再忍耐一下，让我附加几句最重要的话，来把本稿结束吧。

文字的学习，虽当求之于文字的法则（上面的所谓明了，所谓适当，都是法则），但这只是极粗浅的功夫则已。要合乎法则的文字，才可以免除疵病。这犹之书法中的所谓横平竖直，还不过是第一步。进一步的，真的文字学习，须从为人着手。"文如其人"，文字毕竟是一种人格的表现，冷刻的文字，不是浮热的性质的人所能模效的，要作细密的文字，先须具备细密的性格。不去从培养本身的知识情感意志着想，一味想从文字上去学习文字，这是一般青年的误解。我愿诸君于学得了文字的法则以后，暂且抛了文字，多去读书，多去体验，努力于自己的修养，勿仅仅拘执了文字，在文字上用浅薄的工夫。

1931年

导读　　民国时期有很多作家、学者都为青年开出过阅读书目，孙伏园还曾在报纸上组织过征集青年必读书目的活动，然而事实上大部分的参与者多会从自己的喜好出发，比如大学者吴宓，所开书单皆为其学衡一派作品。夏丏尊本文不仅向学生罗列了书目，更讲明了阅读时的基本逻辑，即未读过《论语》《孟子》等书的人不要去读胡适的《中国哲学史大纲》，先读原作，再读研究。

国文科课外应读些什么

一　引　言

本年《中学生》杂志关于中学科目，登载过许多介绍课外阅读书的文字，国文一科，尚付缺如（关于文学和修辞学原早已有别位先生写了登载过），于是有许多读者来函要求登载此项稿件，而且读者之中还有人用了"点将"的法子，把这职务交给了我，要我写一些。不瞒大家说，当本年本志决定分科介绍课外阅读书的时候，我也曾打算对于整个国文科写一篇东西的；可是终于未曾写，实在因为国文科的性质太复杂太笼统了，差不多凡是中国文字写成的东西都可以叫做国文，使我无法着笔的缘故。后来乃变更计划，把文学与修辞学当作国文的一分支先特别提出，请别的先生写了登载。还想继续登载一篇关于文法及语法的介绍文字，意思是想把整个的国文科拆作几个小部分，来分别介绍可读的书。不料读者尚认为未能满足，纷纷来函要求介绍关于整个国文科的课外阅读书籍。不得已，就由我来勉强应命，贡献些意见吧。

先要声明：方才说过，国文科的性质太复杂太笼统了，差不多凡是用中国文字写成的东西都可以叫做国文。故我的书籍介绍，不能如别科的一一举出名称，说哪一本书该读，哪一本不必读。我只能依了若干大纲，来说些话而已。

让我先来下一个中学校国文科的定义，把讨论的范围加以限制。我认为：中学校的国文科的内容不是什么《古文观止》，什么《中国国文教本》，也不是教师所发的油印文选讲义，所命的课题，所批改的文卷；乃是整个的对于本国文字的阅读与写作的教养。课本和讲义等等只是达教养目的的材料，并非就是国文科的正体。物理、化学、算术、代数等等的教本，小说、唱本、报纸、章程、契约以及日常的书信，无一不在白纸上印得有本国文字，或写得有本国文字。如果那些课本与讲义等等叫做"国文"，那么凡是有中国文字的东西也都该叫做"国文"。这理由原很正当，也极显然，可是实际上却有许多人不理会。教师与学生都常常硬把印成的文选或"国文课本"当作"国文"，把其余的一切摒斥于"国文"之外。例如《虞初新志》中的《圆圆传》可以被抄印了成"国文"，而全部的《虞初新志》却被认为闲书，《水浒传》中《景阳冈打虎》可以被挑选了成"国文"，而全部的《水浒传》却被认为小说。学生读《景阳冈打虎》，读《圆圆传》，自以为在用功"国文"，而读《虞初新志》读《水浒传》却自以为在看闲书、看小说。更推而广之，看报、看章程、看契约，与"国文"无关，就教本复习历史和地理，与"国文"也无关，国文自国文，其余自其余，于是"国文"科就成了一种奇妙神秘的科目了。以上是就了阅读方面说的，至于写作方面，也同样有此奇怪的误解。照理说，凡用本国文字写记什么，都应该是"国文"。可是实际情形却不然，平常的人会写信、记日记，可是不自认能做文章；他们把做文章认为了不得的大事。即使自命会做文章的文人，也常把做文章与写信记日记分别看待，一提起"做文章"三个字，往往就现出非常的矜持的神情来。至于学校的教学上，不消说这矛盾更甚。国文科中的所谓"作文"，在中学校里通常只是每月二次，其余如日常的写作笔记、日记、通告、书信之类，全不算在"国文"的账上。真所谓"骑驴寻驴"了。

因了上述的理由，我主张把"国文科"解释得抽象一些，解作"整个的对于本国文字的阅读与写作能力的教养"，以下介绍书籍，也即由此观点出发。我所介绍的书籍可分为三大种类：（1）关于文字理法的书籍；（2）理解文字的工具书籍；（3）文字值得阅读，内容有益于写作的书籍。

二　关于文字理法的书籍

国文科所处理的是文字，文字的理法犹之规矩准绳，当然应该首先知道。文字理法于写作阅读双方都大有关系，我们所以能理解他人的文字，我们的文字所以能使他人理解，都全仗有共认的理法。词与词的关系，句与句的联结，以及文章的体裁，藻饰的方式，都有一个难以随便改易的约束。这约束就是文字的理法了。可分下列诸项来说。

甲，语法或文法　这是讲词与词的关系和句与句的联结的。关于一个一个的单词的如：《助字辨略》（刘淇）、《经传释词》（王引之）、《古书疑义举例》（俞樾）、《词诠》（杨树达）之类。至于按照西洋文法的系统，编成词与词及句与句的通则的，则有《马氏文通》（马建忠）、《初等国文典》（章士钊）、《国语文法》（黎锦熙）等几种。二者之中，就单词讲述者，不重系统，而搜罗颇富，适于临时检查；先取后者择一二读之，收得系统的知识，较为急务。《马氏文通》为中国第一部有系统的文法书，唯篇幅太繁重，不便初学，章氏《初等国文典》脱胎于《马氏文通》，头绪颇明简，可以一读。语法则黎氏之《国语文法》较完全（唯分类太琐屑，是其缺点）。语法初步，在高小时理应略已学得，中学时代须注意于语法与文法的比较与联络。最好有一本文言与语体混合的文法书，可惜现在还没有人着手编写。黎氏的《国语文法》，初中一二年级生可读，章氏的《初等国文典》，初中二三年级可读。《词诠》搜罗字的用例颇富，可补文法书的不足。《古书疑义举例》罗列古代文句变式甚多，读古书时可随时参考。

乙，修辞学 这是讲求使用辞类的一般的法式的，消极方面注意写作上的疵病，积极方面论到各种藻饰的方法。关于修辞学的书籍，熊昌翼先生已在本志二十六号（本年七月号）介绍过两本书：《修辞格》（唐钺）、《修辞学发凡》（陈望道）。我对于熊先生的介绍，很表赞同。唐著只列修辞格，内容较简单，初中三年或高中一年级生可以先阅。陈著组织严密，搜罗详尽，因之篇幅亦较多，可供详密的钻研之用。

丙，作文法 这是论文章的体式及其他写作上一般的方法的。这类知识，从前散见于它书者很多，古人集子中论文字的零篇都可归入此类。近来颇有专为初学者编述的专书，如：《作文法讲义》（陈望道）、《作文论》（叶绍钧）、《文章作法》（夏丏尊、刘薰宇）、《作文讲话》（章衣萍）之类。这类书籍，所能教示初学者的只是文章的体式与写作上的普通的心得，在对于文章体式写作方法尚未得门径的中学初年级生原可有些帮助，可任取一种阅之，唯不可一味的当作法宝。老实说，这些书并不是十分有价值的东西（别人的书我原不敢武断，至于《文章作法》，我自己就是著者，敢这样说）。据我所知，颇有一些人在迷信这类书，故顺便告诉大家一声。

三 理解文字的工具书籍

所谓理解文字的工具书籍范围很狭小，只指字典、辞书等而言。阅读时遇到未解的字或辞，写作时遇到恐有错误的字或辞，都可乞灵于这些工具。字典是解释单字的，辞书是解释辞与成语的。二者都有用部首排列及用韵排列的两种，如：《康熙字典》（字典，用部首排）、《经籍籑诂》（字典，用韵排）、《佩文韵府》（辞书，用韵排）、《辞源》（辞书，用部首排）。最近更有用四角号码排列者，如《王云五辞典》就是。《王云五辞典》兼具字典辞书两种用途，颇为便利。

《康熙字典》为字典之最古者，性质普通，解释精当，价值不因其旧而减损，宜购备一册。《经籍籑诂》则多搜古义，为读古书的锁钥，高中学生可购备。《佩文韵府》卷帙较巨，可让图书室购置，个人只须预知其用法，于必要时去翻检就够了。

翻检字典辞书，因了熟习与否，巧拙迟速殊异，宜及早练习。部首位次的记忆固然很要紧，四声的辨别最好也稍加学习，能辨别某字大略在何声、属何韵，就方便得多了。

四　文字值得阅读　内容有益于写作的书籍

我在上面曾说，"国文"的范围很笼统，凡是用本国文字写成的都可叫做"国文"。从别一方面说，文字只是一种形式的东西，什么内容都可填充。我国古今的书籍，就其形式说都是用本国文字写的，都可以叫做"国文"，若就其内容说，或属于历史，或属于哲学，或属于地理，或属于政治，或属于艺术，鲜有无所属的。大家都说对于国文要用功，其实根本就没有纯粹的所谓"国文"这样东西。所谓"用功国文"者，只是把普通一般的书籍，当作文字来用功，把它作为阅读的练习与写作的范例而已。

一种书有种种的读法。例如《史记》本来是历史，但自古就有人把它当文章读，认作文章的模范。《水经注》是一部地理书，因为其中时有描写风景的辞藻，就有人把它当美文读（我于数年前见到一册谭复堂［名献，仁和人］圈点过的《水经注》。他在卷端自定阅读纲领，用种种符号标记各项。水道用=号，河流沿革用△号，描写风景的美文用〇号，论断精当处用——号。这是把一部书从各方面阅读的方法，可以为范）。此外如《周礼》的《考工记》可以作状物的范例，《左氏传》可以作叙事的法式，都是很明白的事。这种的利用，推广开去真是说不尽言。我有一位朋友，写字很有功夫，他所作的尺牍，文字都简雅高古，没有俗气，不类近人，自成一格。我问他从何学得这种文字，他的回答出乎我的意料之外，说是从晋唐人的字帖上学来的。原来晋唐人的书法（如《淳化阁法帖》、《三希堂法帖》之类）流传者大概是尺牍，普通临帖的人只注意到书法，我这位朋友却能于书法之外，利用了去学文章，可谓多方面学习的了。

读到一部书，收得其内容，同时欣赏玩味其文字，遇有疑难时就利用了上项的工具书去解索。所收得的内容，成了自己的知识，其效力等于实际体验。积久起来，不但可为写作的材料，而且还可为以后读他书的补助知识。所欣赏玩味过的文字的方式，则可以应用于写作上。能如此打成一片，读书就会有显著的功效了。仅仅留心内容，或只注意于文字的模效，都不是最好的方法。

至于读些什么，我无法作限定的介绍，只好提出几个选择的目标。最近教育部重订课程标准，关于中学国文科的"阅读"一项分"精读"与"略读"二门。"精读"属于课内，"略读"属于课外。据闻这次新课程标准所定的"略读"的范围如下。

（甲）初中

（子）中外名人传记及有系统之历史记载；

（丑）有注释之名著节本；

（寅）古代语录及近人演讲集；

（卯）古今人书牍；

（辰）古今名人游记日记及笔记；

（巳）有注释之诗歌选本；

（午）古今小品文及短篇小说集；

（未）歌剧话剧之脚本及民众文艺之有价值者；

（申）适合学生程度之定期刊物。

（乙）高中

学生各就其资性及兴趣，由教员指导，选读整部或选本之名著，散见各书之单篇作品及有价值之定期刊物。

新课程标准对于初中的"略读"教材，有较具体的分项规定，而对于高中，则只作概括的指示而已。我个人对于中学生读书的范围，曾有些意见，在本志第十一号《关于国文的学习》一文中发表过（该文现已收入单行本《中学各科学习法》中）。现在也别无新的意见可说，就把那文中关于读书的范围的一段文字重行摘录于下，当作本文的结束吧。

（1）因课堂所习的选文而旁及的。如因读《桃花源记》而去读《陶集》，读《无何有乡见闻记》（威廉·马列斯著），因读司马谈的《论六家要旨》而去读《论语》、《老子》、《韩非子》、《墨子》，等等。

（2）中国普通人该知道的。如"四书"、"四史"、"五经"，周秦诸子，著名的唐人的诗，宋人的词，元人的曲，著名的旧小说，时下的名作。

（3）全世界所认为常识的。如基督教的《旧约》、《新约》，希腊的神话，各国近代的代表文艺名作。

不消说，上列的许多书，要一一全体阅读，在中学生是不可能的。但无论如何要当作课外读物尽量加以涉猎，有的竟须全阅或精读。举例来说，"四书"须全体阅读，诸子则可选读几篇，诗与词可读前人选本，《旧约》可选读《创世记》、《约伯记》、《雅歌》、《箴言》诸篇，《新约》可就《四福音》中择一阅读。无论全读或略读，一书到手，最好先读序，次看目录，了解该书的组织，知道有若干篇，若干卷，若干分目，然后再去翻阅全书，明白其大概的体式，择要读去。例如读《春秋》、《左传》，先须知道什么叫经，什么叫传，从什么公起至什么公止。读《史记》，先须知道本纪、世家、列传、书、表等等的体式。

近来有一种坏风气，大家读书不喜欢努力于基本的学修，而好做空泛工夫。普通的学生案头有胡适的《中国哲学史大纲》、《白话文学史》。顾颉刚的《古史辨》，有《欧洲文学史》，有《印度哲学概论》。问他读过"四书"、"五经"、周秦诸子的书吗？不曾。问他读过若干唐宋人的诗词集子吗？不曾。问他读过古代历史吗？不曾。问他读过各派代表的若干小说吗？不曾。问他读过欧洲文艺中重要的若干作品吗？不曾。问他读过若干小乘大乘的经典吗？不曾。这种空泛的读书法，觉得大有纠正的必要。例如胡适的《中国哲学史大纲》原是好书，但在未读过《论语》、《孟子》、《老子》、《庄子》、《墨子》等原书的人去读，实在不能得很大的利益。知道了《春秋》、《左传》、《论语》等原书的大概轮廓，然后去读《哲学史》中的关于孔子的一部分，读过几篇《庄子》，然后再去翻阅《哲学史》中关于庄子的一部分，才会有意义，才会有真利益。先得了孔子、庄子思想的基本概念，再去讨求关于孔子、庄子思想的评释，才是顺路。用譬喻说，《论语》、《春秋》、《诗经》、《礼记》是一堆有孔的小钱，《哲学史》的孔子一节是把这些小钱贯串起来的钱索子，《庄子》中《逍遥游》、《大宗师》等一篇一篇的文字也是小钱，《哲学史》中庄子一节是钱索子，没有钱索子，不能把一个一个的零乱的小钱加以贯串整理，固然不愉快，但只有了一根钱索子，而没有许多可贯串的小钱，究竟也觉无谓。我敢奉劝大家，先读些中国关于哲学的原书，再去读哲学史，先读些《诗经》及汉以下的诗集词集，再去读文学史；先读些古代历史书籍，再去读《古史辨》，万一必不得已，也应一壁读哲学史文学史，一壁翻原书，以求知识的充实。钱索子原是用以串零零碎碎的小钱的，如果你有了钱索子而没有可串的许多小钱，那么你该反其道而行之，去找寻许多小钱来串才是。

1932年

导读 　　本文的题目是《国文科的学力检验》，夏丏尊想要突出的是能力的检验而非试卷的检验，他在文章中提出了很多学力的硬性要求。能力水平与应试之间的矛盾始终是教育者热衷讨论的话题，这种讨论不是由于二者确有讨论的余地，实际上几乎百分之百的学者都会认为能力比考试更为重要，但是只有考试才能提供公平平等的机会。

国文科的学力检验

　　暑假快到，诸君之中有的已将在初中或高中部毕业。毕业的当儿有毕业考试，有"会考"；如果诸君是升学的，那么还须到大学专门学校或高中部去受入学考试。总之，在毕业诸君，目前已到了学力受总检验的时期了。考试是他人用了某种程限或标准来对诸君作检验的事。检验可由他人来行，也可以由自己来行。诸君此后升学也好，不升学也好，在中学里住了三年或六年，究竟获得了多少知识，固然值得自己先来作一清算，这些知识究竟于将来自己的进修与生活上是否够用，也值得自己来一加反省与考察。诸君在某种功课上造就如何，教师当然是明白的，其实最明白还要推诸君自己。对于诸君的学力，诸君自己是公正的评判官，是最适当的检验者。

　　中学课程中科目不少，这里试单就国文一科来说。

　　论理，要检验须有检验的标准。国文为中学科目中最重要的一科，也是最笼统的一科。因为文字原是一切学问的工具，而一国的文字又有关于一国的全文化，所以重要；因为内容包含太广泛，差不多包括文化及生活的全体，教学上苦于无一定的法则可以遵循，所以笼统。一篇《项羽本纪》当作历史来读，问题比较简单，只要记住历史上楚汉战争的经过情形就够了，如果当作国文来读，事情就非常复杂，史实不消说须知道，史实以外还有难字难句，叙事的繁与简，人物描写的方法，句法，章法，以及其他现出在文中的一切文章上的规矩法则，都须教到学到才行。这些工作，往往一项之中又兼含其他各项，倘若要一一教学用遍，究不可能，教者无法系统地教，只好任学生自己领悟，学者也无法系统地学，只好待他日自己触发。结果一篇《项羽本纪》，对于一般学生只尽了普通历史材料的责任，无法完全其在国文课上的任务。国文与历史的关系如此，对于其他各科亦然，国文科原是本身并无内容，以一切的内容为内容的，所以教学上常不免有笼统的毛病，不若其他各科的有一定步骤可分。

自古以来不知道有多少人说过多少关于学文字的规范，可是在我们看来都觉得玄虚得很，其玄虚等于中医药方上的医案。文字应该怎样学？怎样作？怎样的文字才算好？至今还未曾有人能说出一个具体的答案来。诸君这三年或六年来日日与国文教师在一堂，国文教师对于诸君的学力当然曾有相当的分别评判：某人第一，某人寻常，某人最坏。但明确的具体的标准，恐也无法对诸君宣布吧。这是难怪的，因为国文原是一个笼统的科目。

民国十八年八月教育部颁布的《中学课程暂行标准》中曾就各科目规定过初中高中学生的毕业最低限度，其中关于国文科规定的最低限度如下。

（甲）初中国文科毕业最低限度：

（一）曾精读选文能透彻了解并熟习至少一百篇。

（二）曾略读名著十二种能了解大意并记忆其主要部分。

（三）能略知一般名著的种类名称，图书馆及工具书籍的使用自由参考阅读。

（四）能欣赏浅近的文学作品。

（五）能以语体文作充畅的文字，无文法上错误。

（六）能阅览平易的文言文书籍。

（乙）高中国文科毕业最低限度：

（一）曾精读名著六种而能了解与欣赏。

（二）曾略读名著十二种而能大致了解与欣赏。

（三）能于中国学术思想、文学流变、文字构造、文法及修辞等有简括的常识。

（四）能自由运用语体文及平易的文言文作叙事说理表情达意的文字。

（五）能自由运用最低限度的工具书。

（六）略能检用古文书籍。

这限度中有几项原也定得很笼统，什么"名著六种"咧，"名著十二种"咧，什么"略能"咧，"大致"咧，什么"浅近的"咧，"平易的"咧，都是些不着边际的话。究竟所谓六种或十二种名著是些什么书，哪一种文字叫做"平易的"、"浅近的"，也不曾下着定义。到怎样程度才是"略能"，才是"大致"，都无法说明其所以然。去年教育部所颁布的正式课程标准中，已把这"毕业最低限度"一项除去了，也许因为各科都难作明确的规定，不仅国文一科是这样吧。

国文科在性质上既如此笼统，检验的标准自然也只好凭检验者的主观来决定。前几年北平清华大学中国文学系入学国文试题之中，有一项是出了一句联语叫学生作对，一时舆论大哗，大家责备那位出题目的教授顽固守旧。后来那位教授陈寅恪氏曾发表了一篇文字（见《青鹤》杂志一卷三期），把所以叫学生对对子的理由说明过。他说：对对子最易看出国文的学力。（甲）可以测验应试者能否分别虚实字及其应用，（乙）可以测验应试者能否分别平仄声，（丙）可以测验读书之多少及语藏之贫富，（丁）可以测验思想条理。大家见了这篇答辩都觉得不错，本来责难的人也不说什么了。

我写这篇文字的目的，在叫中学毕业诸君自己检验自己的国文科能力，不是我来检验诸君。这里只想提出几项极普通的标准，作诸君自己检验时的参考罢了。

（一）关于写作者　在一般的学校习惯上，教师评定学生国文能力，差不多是全凭写作的。诸君历次写作的成绩，有教师的评语可作依据，什么方面能力有余，什么方面能力不足，诸君平日理该自己明白，有余的越使发挥，不足的加修弥补。不过教师的评语每次着眼点或许不同，学校中的写作成绩，又是机械地历年平均的，名为总成绩，其实颇不可靠。今为总检验计，似应另用比较具体的标准来自己检查。第一种标准是翻译，翻文言为白话也好，翻英文为汉文也好，把普通文言诗歌或所读英文的一节，忠实地翻译出来，再自己毫不放松地逐字逐句与原文加以对照，就能看出自己的能力及缺陷所在。因为翻译是有原文的，既须顾到译文，又须顾到原文，一切用字造句都不能随意轻率，一有错误，对照起来立即现出，所以是试练写作的好方法。第二种标准是评改他人的文字，把一篇他人的文字摆在面前，细心审读，好的部分加圈，坏的部分代为改窜，但好与坏都须把理由说得出，不准有丝毫的含糊。这两种标准比自由写作及命题作文来得可靠，既用不着滥调子，也用不着虚伪的修饰。而真实的写作能力可以赤裸裸地表现无遗。诸君自己试行了这两种检验，对于成绩如不敢自定，则不妨请师长父兄或靠得住的朋友共同批判。

（二）关于理解者　理解与写作为学习国文的两大目标，一般人日常生活上阅读的时间多于写作的时间，故理解可以说比写作更重要。理解的条件甚复杂，检验理解力最简单的标准是标点与分段。碰到一篇艰深的文章或一本书，如果你能逐句读得断，全体分得成段落，可以说你对于这篇文章或这本书已大致能理解的了。次之是常识的测验，有人把陶潜《桃花源记》中的"晋太原中"解作"山西太原府"，把"安禄山"解作西北之高山，这样的大笑话，其原因是常识不足。以前所说国文科原是本身并无内容，以一切的内容为内容的。在普通文字中所谓内容，无非是些常识而已。中学毕业生尽可不懂偏僻的术语，普通书中常用的名词究非知道不可。近来大学或专门学校的入学试题中常有常识测验一个项目，你可以把各校的测验题目拿来测验自己，如自觉能力欠缺，就亟须自己补救。补救的方法是多问，多翻字典。

（三）关于语汇者　我们的言语，是因了性质或门类有着成串的排列的，表示一个意思的词不止一个，一个词又可与他词合成另一个词。这种成串的词类，普通叫做语汇，或叫语藏。语汇分两种：（甲）理解语汇。理解语汇是帮助阅读时的理解的，譬如说，一个"观"字共有多少个解释？和他词拼合起来，在头上者如"观念"、"观感"、"观光"、"观察"……共有多少个？在末尾者如"楼观"、"壮观"、"人生观"、"达观"、"贞观"……共有多少个？其中你所知道的有几个？这个检验，某字在头上者，最好用你日常所用的词典来作依据，至于某字在末尾者，可去一翻《佩文韵府》等类书。或任择数字叫朋友和你来竞争了——写出，看谁写的最多，也可以。这类语汇丰富的人，就是理解丰富的人。（乙）运用语汇。这是从写作方面说的。譬如一个"笑"字，你在写作中运用"笑"字的时候，因了情形，能换出几种花样来？与"笑"一系的词，有"解颐"、"哄堂"、"捧腹"、"喷饭"、"莞尔"……形容"笑"的程度的词，有"呵呵"、"哈哈"、"嘻嘻"……你知道的有几个？每一个意思因了情形或程度，自有一串的语汇，语汇丰富的人写作时才能多方应用，各得其所，犹之作战需用多数的军队。你该任就几个意思，把可用的词列举出来，像检阅部下军队似地自己检验一下。如果你自觉所贮藏的可用的词不多，那就得随时留意，好好加以补充。

（四）其他 学习国文的重要目标，不外写作与理解二事，上面已把写作与理解的检验方法择要说过了。前项所说的语汇是关系于写作与理解双方的，所以特别提开来说。此外尚有几种值得注意的方面：（甲）书法。书法在科举时代向为检验国文能力的重要标准，自改办学校教育以来，就被忽视了。其实书法与我们实际生活关系甚密，在现代生活中差不多没有人可以一日不执笔的，现代工商社会中人，用笔的工作比从前士大夫都要忙。书法好坏的标准，现代亦和从前不同，应以敏捷、正确、匀净为目标，不会写端楷，不会临碑版，倒不要紧。寻常需要的是行书，是钢笔字。你对于这二者已用过相当的工夫了没有？如果你只会写那些文课里的方格字，而不能写社会上实际需要的别种样式的字，那么我劝你自己赶快补习。（乙）书写的格式。学校里的文课，所读的选文，书写的格式都是平板一律的，可是我们实际生活上所写的东西，各有一定的格式，不合这些格式，即使你书法很好也不相干。举例说吧，一封信里，受信者的名字与发信人的名字，各有一定的位置。年月日该写在什么地方，也有一定的规矩。何种字面须提行写或空一格写？如果这封信不止一张，第二张至少该在第几行完结才不难看？又，信封上地名与人名应该怎样安排？诸如此类，问题不少。此外如契据的格式，章程的格式，公文的格式，简贴的格式，很多很多，你对于这种方面已知道大略的情形了吗？如果你只知道抄录文课的老格式，不懂得别的东西的写法，只会作家书及对于知己友人的通讯，不会对别的生疏未熟的人写一封客气点的信，那么我劝你自己赶快补习。

（丙）讹写与音误。这就是所谓"写别字"和"读别字"了。在我所见到的中学生的投稿中，别字是赏碰到的，别字和简笔字不同，简笔字近来颇有人提倡，因为书写便利，原该通融采纳。至于别字，究是浅陋幼稚的暴露，而且有碍意思的传达，大宜加以留意。证诸过去的文课，如果你自己知道是常写别字的，最好把《字辨》或《字学举隅》等类的书来补看一遍。至于读别字，在人前常会被暗笑，遇到自己以为靠不住的读音，须得随时检查字典。否则在人前不把未知道读法的字朗读，也是藏拙之一法。

市上正流行着什么《会考指南》、《升学必携》等类的书册，这类书册的效力如何，我不知道。我这篇文字，目的在叫毕业诸君乘此文凭将要到手的时候，自己来作一回检验。不但对于升学的说，也对于不升学的说的，我所说的只是老实话，并无别的巧妙的秘诀，不知读者会失望否。

1934年

导读 关于阅读，夏丏尊的观点非常明确也非常实际。在他看来，人第一应读的书是和自己职务有关的书；第二应读的书是参考书；第三应读的书才是和趣味修养有关的书。对于中学生而言，读好教科书是第一位的。

阅读什么

中学生诸君：我在这回播音所担任的是中学国语科的节目。国语科有好几个方面，我想对诸君讲的是些关于阅读方面的话。预备分两次讲，一次讲"阅读什么"，一次讲"怎样阅读"。今天先讲"阅读什么"。

让我在未讲到正文以前，先发一句荒唐的议论。我以为书这东西是有消灭的一天的。书只是供给知识的一种工具，供给知识其实并不一定要靠书。试想，人类的历史不知已有多少年，书的历史比较起来是很短很短的。太古的时代并没有书，可是人类也竟能生活下来，他们的知识原不及近代人，却也不能说全没有知识。足见书不是知识的唯一的来源，要得知识并不一定要靠书的了。古代的事，我们只好凭想象来说，或者有些不可靠，再看现在的情形吧。今天的讲演是用无线电播送给诸君听的，假定听的有一万人，如果我讲得好，有益于诸君，那效力就等于一万个人各读了一册"读书法"或"读书指导"等类的书了。我们现在除无线电话以外还有电影可以利用，历史上的事件、科学上的制造，如果用电影来演出，功效等于读历史书和科学书。假定有这么一天，无线电话和电影发达得很进步普遍，放送的材料有人好好编制，适于各种人的需要，那么书的用处会逐渐消灭，因为这些利器已可代替书了。我们因了想象知道太古时代没有书，将来也可不必有书，书的需要可以说是一种过渡时代的现象。

今天所讲的题目是"阅读什么"，方才这番议论好像有些荒唐，文不对题。其实我的意思只是想借此破除许多读书的错误观念。我也承认书本在今日还是有用的，我们生存在今日，要求知识，最普通、最经济的方法还是读书。可是一向传下来的读书观念，很有许多是错误的。有些人把读书认为高尚的风雅事情，把书本当作玩好品古董品，好像书这东西是与实际生活无关，读书是实际生活以外的消遣工作。有些人把书认为唯一的求学的工具，以为所谓求知识就是读书的别名，书本以外没有知识的来路。这两种观念都是错误的，犯前一种错误的以一般人为多，犯后一种错误的大概是青年人，尤其是日日手捏书本的中学生诸君。

我以为书只是求知识的工具之一，我们为了要生活，要使生活的技能充实，就得求知识。所谓知识，决不是什么装饰品，只是用来应付生活，改进生活的技能。譬如说，我们因为要在自然界中生存，要知道利用自然界理解自然界的情形，才去学习物理、化学和算学等科目；我们因为要在这世界上做人，才去学习世界情形，修习世界史和世界地理等科目；我们因为要做现在的中国人民，才去学习本国历史、地理、公民等科目。学习的方法可有各式各样，有时须用实验的方法，有时须用观察的方法，有时须用演习的方法，并不一定都依靠书。只因为书是文字写成的，文字是最便利的东西，可把世间一切的事情，一切的道理都记载出来，印成了书，随时随地可以翻看，所以书就成了求知识的重要的工具，值得大众来阅读了。

以上是我对于书的估价，下面就要讲到今天的题目"阅读什么"了。

青年人应该读些什么书？这是一个从古以来的大问题，对于这问题从古就有许多人发表过许多议论，近十年来这问题也着实热闹，有好几位先生替青年开过书目单，其中比较有名的是梁启超先生和胡适之先生所开的单子。诸君之中想必有许多人见过这些单子的。我今天不想再替诸君另开单子，只想大略地告诉诸君几个着手的方向。

　　我想把读书和生活两件事联成一气、打成一片来说，在我的见解，读书并不是风雅的勾当，是改进生活、丰富生活的手段，书籍并不是茶余酒后的消遣品，乃是培养生活上知识技能的工具。一个人该读些什么书，看些什么书，要依了他自己的生活来决定、来选择。我主张把阅读的范围，分成三个。（一）是关于自己的职务的，（二）是参考用的，（三）是关于趣味或修养。举例子来说，做内科医生的，第一应该阅读的是关于内科的书籍杂志，这是关于自己职务的阅读，属于第一类。次之是和自己的职务无直接关系、可以作研究上的参考、使自己的专门知识更丰富确切的书，如因疟疾的研究，而注意到蚊子的种类，便去翻某种生物学书；因了疟蚊的分布，便去翻阅某种地理书；因了某种药物的性质，便去查检某种的植物书、矿物书；因了某一词儿的怀疑，便去翻查某种辞典，这是参考的阅读，属于第二类。再次之这位医生除了医生的职务以外，当然还有趣味或修养的生活，在趣味方面他如果是喜欢下围棋的，不妨看看关于围棋的书，如果是喜欢摄影的，不妨看看关于摄影的书，如果是喜欢文艺的，不妨看看诗歌、小说一类的书，在修养方面，他如果是有志于品性的修炼的，自然会去看名人传记或经典格言等类的书，如果是觉得自己身体非锻炼不可的，自然会去看游泳、运动等类的书。这是趣味或修养方面的阅读，属于第三类。第一类关于职务的书是各人不相同的，银行家所该阅读的书和工程师不同，农业家所该阅读的书和音乐家不同。第二类的参考书，是因了专门业务的研究随时连类牵涉到的，也不能划出一定的种数。至于第三类的关于趣味或修养的书，更该让各个人自由分别选定。总而言之，读书和生活应该有密切的关联。

　　上面我把阅读的范围分为三个，（一）是关于个人职务的，（二）是参考的，（三）* 关于趣味或修养的。下面我将根据这几个原则对中学生诸君讲"阅读什么"的问题。

　　先讲关于职务的阅读。诸君的职务是什么呢？诸君是中学生，职务就在学习中学校的各种功课。诸君将来也许会做官吏、做律师、开商店、做教师，各有各的职务吧，现在却都在中学校受着中等教育，把中学校所规定的各种功课，好好学习，就是诸君的职务了。诸君在职务上该阅读的书不是别的，就是学校规定的各种教科书。诸君对于我这番话也许会认为无聊吧，也许有人说，我们每日捧了教科书上课堂、下课堂，本来天天在和教科书做伴侣，何必再要你来嘈杂呢？可是，我说这番话，自信态度是诚恳的。不瞒诸君说，我也曾当过许多年的中学教师，据我所晓得的情形，中学生里面能够好好地阅读教科书的人并不十分多。有些中学生喜欢读小说，随便看杂志，把教科书丢在一边；有些中学生爱读英文或国文，看到理化算学的书就头痛。这显然是一种偏向的坏现象。一般的中学生虽没有这种偏向的情形，也似乎未能充分地利用教科书。教科书专为学习而编，所记载的只是各种学科的大纲，原并不是什么了不得的著作，但对于学习还是有价值的工具。学习一种功课，应该以教科书为基础，再从各方面加以扩充，加以比较、观察、实验、证明等种种切实的工夫，并非胡乱阅读几遍就可了事。举例来说，国语科的读书，通常是用几篇选文编成的，假定一册国文读本共有三十篇文章，你光是把这三十篇文章读过几遍，还是不够，你应该依据了这些文章作种种进一步的学习，如文法上的习惯咧、修辞上的方式咧、断句和分段的式样咧，诸如此类的事项，你都须依据了这些文章来学习，收得扼要的知识才行。仅仅记牢了文章中所记的几个故事或几种议论，不能算学过国语一科的。再举一个例来说，算学教科书里有许多习题，你得一个一个地演习，这些习题，一方面是定理或原则的实际上的应用，一方面是使你对于已经学过的定理或原则更加明了的。例如四则问题有种种花样，龟鹤算咧、时计算咧、父子年岁算咧，你如果只演习了一个个的习题，而不能发见这些习题中的共通的关系或法则，也不好称为已学会了四则。依照这条件来说，阅读教科书并非容易简单的工作了。中学科目有十几门，每门的教科书先该平均地好好阅读，因为学习这些科目是诸君现在的职务。

　　次之讲到参考书。如果诸君之中有人问我，关于某一科应看些什么参考书？我老实无法回答。我以为参考书的需要因特种的题目而发生，是临时的，不能预先决定。干脆地说，对于第一种职务的书籍阅读得马马虎虎的人，根本没有阅读参考书的必要。要参考，先得有题目，如果心里并无想查究的题目，随便拿一本书来东翻西翻，是毫无意味的傻事，等于在不想查生字的时候去胡乱翻字典。就国语科举例来说，诸君在国语教科书里读到一篇陶潜的《桃花源记》，如果有不曾明白的词儿，得翻辞典，这时辞典（假定是《辞源》）就成了参考书。这篇文章是晋朝人作的，如果诸君觉得和别时代人所写的情味有些两样，要想知道晋代文的情形，就会去翻中国文学史（假定是谢无量编的《中国文学史》），这时文学史就成了诸君的参考书。这篇文章里所写的是一种乌托邦思想，诸君平日因了师友的指教，知道英国有一位名叫马列斯的社会思想家写过一本《理想乡消息》和陶潜所写的性质相近，拿来比较，这时，《理想乡消息》就成了诸君的参考书。这篇文章是属于记叙一类的，诸君如果想明白记叙文的格式，去翻看《记叙文作法》（假定是孙俍工编的），这时《记叙文作法》就成了诸君的参考书。还有，这篇文章的作者叫陶潜，诸君如果想知道他的为人，去翻《晋书·陶潜传》或《陶集》，这时《晋书》或《陶集》就成了诸君的参考书。这许多参考书是因为有了题目才发生的，没有题目，参考无从做起，学校图书室虽藏着许多的书，诸君自己虽买有许多的书，也毫无用处。国语科如此，别的科目也一样。诸君上历史课听教师讲英国的工业革命一课，如果对于这件历史上的事迹发生了兴趣或问题，就自然会请问教师得到许多的参考书，图书馆里藏着的《英国史》，各种经济书类，以及近来杂志上所发表过的和这事有关系的单篇文字，都成了诸君的参考书了。所以，我以为参考书不能预先开单子，只能照了所想参考的题目临时来决定。在到图书馆去寻参考书以前，我们应该先问自己，我所想参考的题目是什么？有了题目，不知道找什么书好，这是可以问教师、问朋友、查书目的，最怕的是连题目都没有。

上面所讲的是关于参考书的话。再其次要讲第三种关于趣味修养的书了。这类的书可以说是和学校功课无关的，不妨全然照了自己的嗜好和需要来选择。一个人的趣味是会变更的，一时喜欢绘画的人，也许不久会喜欢音乐，喜欢文学的人，也许后来会喜欢宗教。至于修养，方面更广，变动的情形更多。

在某时候觉得自己身心上的缺点在甲方面，该补充矫正。过了些时，也许会觉得自己身心上的缺点在乙方面，该补充矫正了。这种自然的变更，原不该勉强拘束，最好在某一时期，勿把目标更动。这一星期读陶诗，下一星期读西洋绘画史，趣味就无法涵养了。这一星期读曾国藩家书，下一星期读程、朱语录，修养就难得效果了。所以，我以为这类的书，在同一时期中，种数不必多，选择却要精。选定一二种，须定了时期来好好地读。假定这学期定好了某一种趣味上的书，某一种修养上的书，不妨只管读去，正课以外，有闲暇就读，星期日读，每日功课完毕后读，旅行的时候在车上船上读，逛公园的时候坐在草地上读。如果读到学期完了，还不厌倦，下学期依旧再读，读到厌倦了为止。诸君听了我这番话，也许会骇异吧。我自问不敢欺骗诸君，诸君读这类书，目的不在会考通过，也不在毕业迟早，完全为了自己受用，一种书读一年、读半年，全是诸位的自由，但求有益于自己就是，用不着计较时间的长短。把自己欢喜读的书永久地读，是有意义的。赵普读《论语》，是有名的历史故事；日本有一位文学家名叫坪内逍遥的，新近才死，他活了近八十岁，却读了五十多年的莎士比亚剧本。

我的话已完了。现在来一个结束。我以为：书是供给知识的一种工具，读书是改进生活、丰富生活的手段，该读些什么书要依了生活来决定选择。首先该阅读的是关于职务的书，第二是参考书，第三是关于趣味修养的书。中学生先该把教科书好好地阅读，因为中学生的职务就在学习中学校课程。参考书可因了所要参考的题目去决定，最要紧的是发现题目。至于趣味修养的书可自由选择，种数不必多，选择要精，读到厌倦了才更换。

1936年

导读 知道了阅读什么，随之而来的便是怎样阅读，简单地说，是能以不同的心态和方法去阅读职务的书、参考的书、趣味修养的书。

怎样阅读

前天我曾对中学生诸君讲过一次话，题目是《阅读什么》。今天所讲的，可以说是前回的连续题目，是《怎样阅读》。前回讲"阅读什么"，是阅读的种类；今天讲"怎样阅读"，是阅读的方法。

"怎样阅读"和"阅读什么"一样，也是一个老问题，从来已有许多人对于这问题说过种种的话。我今天所讲的也并无前人所没有发表过的新意见、新方法，今天的话是对中学生诸君讲的，我只希望我的话能适合于中学生诸君就是了。

我在前回讲"阅读什么"的时候，曾经把阅读的范围划成三个方面：第一是职务上的书，第二是参考的书，第三是趣味修养的书。中学生的职务在学习，中学校的课程，中学校的各科教科书属于第一类，学习功课的时候须有别的书籍作参考，这些参考书属于第二类；在课外选择些合乎自己个人趣味或有关修养的书来阅读，这是第三类。今天讲"怎样阅读"，也仍想依据了这三个方面来说。

先讲第一类关于诸君职务的书，就是教科书。摆在诸君案头的教科书有两种性质可分，一种是有严密的系统的，一种是没有严密的系统的。如算学、理化、地理、历史、植物、动物等科的书，都有一定的章节，一定的前后次序，这是有系统的。如国文读本，如英文读本，就定不出严密的系统，一篇韩愈的

《原道》可以收在初中国文第一册，也可以收在高中国文第二册，一篇富兰克林的传记，可以摆在初中英文第三册，也可以摆在高中英文第二册。诸君如果是对于自己所用着的教科书留心的，想来早已知道这情形。这情形并不是偶然的，可以说和学科的性质有关。有严密的系统的是属于一般的所谓科学，像国文、英文之类是专以语言文字为对象的，除文法、修辞教科书外，一般所谓读本、教本，都是用来作模范做练习的工具的东西。所以本身就没有严密的系统了。教科书既然有这两种分别，阅读的方法就也应该有不同的地方。

如果把阅读分开来说，一般科学的教科书应该偏重于阅，语言文字的教科书应该偏重在读。一般科学的教科书虽也用了文字写着，但我们学习的目标并不在文字上，譬如说，我们学地理、学化学，所当注意的是地理、化学书上所记着的事项本身，这些事项除图表外原用文字记着，但我们不必专从文字上记忆揣摩，只要从文字去求得内容就够了。至于语言文字的学科就不同，我们在国文教科书里读到一篇文章——假定是韩愈的《画记》，这时我们不但该知道韩愈这个人，理解这篇《画记》的内容，还该有别的目标，如文章的结构、词句的式样、描写表现的方法等等，都得加以研究。如果读韩愈的《画记》，只知道当时曾有过这样的画，韩愈曾写过这样的一篇文章，那就等于不曾把这篇文章当作国文功课学习过。我们又在英文教科书里读华盛顿砍樱桃树的故事，目的并不在想知道华盛顿为什么砍樱桃树，砍了樱桃树后来怎样，乃是要把这故事当作学习英文的材料，收得英文上种种的法则。所以"阅读"两个字不妨分开来用，一般科学的教科书应懂它的内容，不必从文字上去瞎费力，只要好好地阅就行；像国文、英文两门是语言文字的功课，应在形式上多用力，只阅不够，该好好地读。

不论是阅或是读，对于教科书该毫不放松，因为这是正式功课，是诸君职务上的工作。有疑难，得去翻字典；有问题，得去查书。这就是所谓参考了。参考书是为用功的人预备的，因为要参考先得有参考的项目或问题，这些项目或问题，要阅读认真的人才会从各方面发生。这理由我在前回已经讲过，诸君听过的想尚还能记忆，不多说了。现在让我来说些阅读参考书的时候该注意的事情。

第一，我劝诸君暂时认定参考的范围，不要把自己所要参考的项目或问题抛荒。我们查字典，大概把所要查的字或典故查出了就满足，不会再分心在字典上的。可是如果是字典以外的参考书，一不小心，往往有辗转跑远的事情。举例来说，你读《桃花源记》，为了"乌托邦思想"的一个项目，去把马列斯的《理想乡消息》来做参考书读，是对的，但你得暂时记住，你所要参考的是"乌托邦思想"，不是别的项目。你不要因读了马列斯的这部《理想乡消息》就把心分到很远的地方去。马列斯是主张美术的，是社会思想家，你如果不留意，也许会把所读的《桃花源记》忘掉，在社会思想咧、美术咧等等的念头上打圈子，从甲方面转到乙方面，再从乙方面转到丙方面，结果会弄得头脑杂乱无章。我们和朋友谈话的时候，常有把话头远远地扯开去，忘记方才所谈的是什么的。这和因为看参考书把本来的题目抛荒，情形很相像。懂得谈话方法的人，碰到这种情形常会提醒对手把话说回来，回到所要谈的事情上去。看参考书的时候，也该有同样的注意，和自己所想参考的题目无直接关系的方面，不该去多分心。

第二，是劝诸君乘参考之便，留意一般书籍的性质和内容大略。除了查检字典和翻阅杂志上的单篇文字以外，所谓参考书者，普通都是一部一部的独立的书籍。一部书有一部书的性质、内容和组织式样，你为了参考，既有机会去见到某一部书，乘便把这一部书的情形知道一些，是并不费事的。诸君在中学里有种种规定要做的工作，课外读书的时间很少，有些书在常识上、将来应用上却非知道不可，例如，我们在中学校里不读《二十五史》、《十三经》，但《二十五史》、《十三经》是怎样的东西，却是该知道的常识。我们不做基督教徒，不必读圣书，但《新约》和《旧约》的大略内容，却是该知道的常识。如果你读历史课，对于"汉武帝扩展疆土"的题目，想知道得详细一点，去翻《史记》或是《汉书》，这时候你大概会先翻目录吧；你翻目录，一定会见到

"本纪"、"列传"、"表"、"志"或"书"等等的名目，这就是《史记》或《汉书》的组织构造。你读了里面的《汉武帝本纪》一篇，或全篇里的几段，再把这些目录看过，在你就算是对于《史记》或《汉书》发生过关系，《史记》、《汉书》是怎样的书，你可懂得大概了。再举一个例来说，你从植物学或动物学教师口头听到"进化论"的话，你如果想对这题目多知道些详细情形，你可到图书馆去找书来看。假定你找到了一本陈兼善著的《进化论纲要》，你可先阅序文，看这部书是讲什么方面的，再查目录，看里面有些什么项目。你目前所参考的也许只是其中的一节或一章，但这全书的概括知识，于你是很有用处的。你能随时留心，一年之中，可以收得许多书籍的概括的大略知识，久而久之，你就知道哪些书里有些什么东西，要查哪些事项，该去找什么书，翻检起来，非常便利。

以上所说的是关于参考书的话。参考书因参考的题目随时决定，阅读参考书的时候，要顾到自己所参考的题目，勿使题目抛荒，还要把那部书的序文、目录留心一下，记个大略情形，预备将来的翻检便利。

以下应该讲的是趣味修养的书，这类的书，我在上回曾经讲过，种数不必多，选择要精。一种书可以只管读，读到厌倦才止。这类的书，也该尽量地利用参考书。例如：你现在正读着杜甫的诗集，那么有时候你得翻翻杜甫的传记、年谱以及别人诗话中对于杜诗的评语等等的书。你如果正读着王阳明的《传习录》，你得翻翻王阳明的集子、他的传记以及后人关于程、朱、陆、王的论争的著作。把自己正在读着的书做中心，再用别的书来做帮助，这样，才能使你读着的书更明白，更切实有味，不至于犯浅陋的毛病。

上面所讲的是三种书的阅读方法。关于阅读两个字的本身，尚有几点想说说。我方才曾把教科书分为两种性质，一种是属于一般的科学的，有严密的系统；一种是属于语言文字的，没有严密的系统。我又曾说过，属于一般科学的该偏重在阅；属于语言文字的，只阅不够，该偏重在读。现在让我再进一步来说，凡是书都是用语言文字写成的，照普通的情形看来，一部书可以含有两种性质：书本身有着内容，内容上自有系统可寻，性质属于一般科学；书是用语言文字写着的，从形式上去推究，就属于语言文字了。一部《史记》，从其内容说是历史，但是也可以选出一篇来当作国文科教材。诸君所用的算学教科书，当然是属于科学一类的，但就语言文字看，也未始不可为写作上的参考模范。算学书里的文章，朴实正确，秩序非常完整，实是学术文的好模样。这样看来，任何书籍都可有两种说法，如果就内容说，只阅可以了，如果当作语言文字来看，那么非读不可。

这次播音，教育部托我担任的是中学国语科的讲话，我把我的讲话限在阅读方面。我所讲的只是一般的阅读情形，并未曾专就国语一科讲话。诸君听了也许会说我的讲话不合教育部所定的范围条件吧。我得声明，我不承认有许多独立存在的所谓国语科的书籍，书籍之中除了极少数的文法、修辞等类以外，都可以是不属于国语科的。我们能说《论语》、《孟子》、《庄子》、《左传》是国语吗？能说《红楼梦》、《水浒》、《三国演义》是国语吗？可是如果从形式上着眼，当作语言文字来研究，那就没有一种不是国语科的材料，不但《论语》、《孟子》、《庄子》、《左传》是国语，《红楼梦》、《水浒》、《三国演义》是国语，诸君的物理教科书、植物教科书也是国语，甚至于张三的卖田契、李四的家信也是国语了。我以为所谓国语科，就是学习语言文字的一种功课；把本来用语言文字写着的东西，当作语言文字来研究、来学习，就是国语科的任务，所以我只讲一般的阅读，不把国语科特别提出。这层要请诸位注意。

把任何的书，从语言文字上着眼去学习研究，这种阅读，可以说是属于国语科的工作。阅读通常可分为两种，一是略读，一是精读。略读的目的在理解，在收得内容；精读的目的在揣摩，在鉴赏。我以为要研究语言文字的法则，该注重于精读。分量不必多，要精细地读，好比临帖，我们临某种帖，目的在笔意相合，写字得它的神气，并不在乎抄录它的文字。假定这部帖里共有一千个字，我们与其每日瞎抄一遍，全体写一千个字，倒不如拣选十个或二十个有变化的有趣味的字，每字好好地临几遍，来得有效。诸君读小说，假定是茅盾的《子夜》，如果当作语言文字的学习的话，所当注意的不但是书里的故事，对于书里面的人物描写、叙事的方法、结构照应以及用词、造句等等该大加注意，诸君读诗歌，假定是徐志摩的诗集，如果当语言文字学习的话，不但该注意诗里的大意，还该留心它的造句、用韵、音节以及表现、着想、对仗、风格等等的方面。语言文字上的变化技巧，其实并不十分多的，只要能留心，在小部分里也大概可以看得出来。假定一部书有五百页，每一页有一千个字，如果第一页你能看得懂，那么我敢保证，你是能把全书看懂的。因为全书所有的语言文字上的法则在第一页一千字里面大概都已出现。举例来说，文法上的法则，像动词的用法、接续词的用法、形容词的用法、助词的用法，以及几种句子的结合法，都已出现在第一页了。我劝诸君能在精读上多用力。

为了时间关系，我的话就将结束。我所讲的话，乱杂疏漏的地方自己觉得很多，请诸君代去求教师替我修正。关于中学国语科的阅读，我几年前曾发表过好些意见，所说的话和这回大有些不同。记得有两篇文章，一篇叫做《关于国文的学习》，载在《中学各科学习法》（《开明青年丛书》之一）里，还有一篇叫《国文科课外应读些什么》，载在《读书的艺术》（《中学生杂志丛刊》之一）里，诸君如未曾看到过的，请自己去看看，或者对于我这回的讲话，可以得到一些补充。我这无聊的讲话，费了诸君许多课外的时间，对不起得很。

1936年

导读 作为一个作家型的教育家，夏丏尊所谈最多的是关于国文的教育。用夏丏尊自己的话讲便是学习国文应该着眼于文字的形式方面。

学习国文的着眼点

上

中学生诸君：这回我承教育部的委托，来担任关于国文科的讲演。讲演的题目叫做《学习国文的着眼点》。打算分两次讲，今天先来一个大纲，下次再讲具体的方法。

为了要使听众明了起见，开始先把我的意见扼要地提出。我主张学习国文该着眼在文字的形式方面。就是说，诸君学习国文的时候，该在文字的形式方面去努力。

所谓形式，是对内容说的。诸君学过算学，知道算学上的式子吧，"1+2=3"这个式子可以应用于种种不同的情形，譬如说一个梨子加两个梨子等于三个梨子，一只狗加两只狗等于三只狗，无论什么都适用。这里面，"1+2=3"是形式，"梨子"或"狗"是内容。算式上还有用"X"的，那更妙了，算式中凡是用着"X"的地方，不拘把什么数学代进去都适合，这时候"1"、"2"、"3"等等的数字是内容，"X"是形式了。

让我们回头来从国文科方面讲，文字是记载事物发挥情意的东西，它的内容是事物和情意，形式就是一个个的词句以及整篇的文字。文字的内容是各个不同的，同是传记，因所传的人物而不同；同是评论，有关于政治的；有关于学术的，有关于经济的；同是书信，有讨论学问的，接洽事务的，可以说一篇文字有一篇文字的内容，无论别人所写或自己所写，每篇文字决不会有相同的内容的。内容虽然各不相同，形式上却有相同的地方，就整篇的文字说，有所谓章法段落结构等等的法则；就每一句说，有所谓句子的构成及彼此结合的方式；就每句中所用的词儿说，也有各种的方法和习惯。此外因了文字的体裁，各有一定共通的样式，例如，书信有书信的样式，章程有章程的样式，记事文有记事文的样式，论说文有论说文的样式。这种都是形式上的情形，和文字的内容差不多无关。我以为在国文科里所应该学习的就是这些方面。

国文科是语言文字的学科，和别的科目性质不同，这只要把诸君案头上教科书拿来比较，就可明白。别的科目的教科书如动物、植物、历史、地理、算术、代数，都是分章节的，全书共分几章，每章之中又分几个小节，前一章和后一章，前一节和后一节，都有自然的顺序，系统非常完整，可是国文科的教科书就不是这样了。诸君所读的国文教材，大部分是所谓选文，这些选文是一篇一篇的东西，有的是前人写的，有的是现代人写的，前面是《史记》里的一节，接上去的也许可以是《红楼梦》或《水浒传》的一节；前面是古人写的书信，接上去的也许会是现代人的小说。这种材料的排列，谈不到什么秩序和系统，至于内容，更是杂乱得很。别的科目的内容是以我们所需要的知识为范围排列着的，植物教科书告诉我们关于植物的一般常识，历史教科书告诉我们人类社会活动进步的经过，地理教科书告诉我们地面上的种种现象和人类的关系，都有一定的内容可说。但是国文教科书的内容是什么呢？却说不出来。原来国文科的内容什么都可以充数，忠臣孝子的事迹固然可以做国文的内容，苍蝇蚊子的事情也可以做国文的内容，诸君试把已经读过的文字回忆一下，就可发见内容上的杂乱的情形。国文科的内容不但杂乱，而且有许多不是我们所需要的。譬如说：现在已是飞机炸弹的时代了，我们所需要的是最新的战争知识，而在国文教科书里所选到的还是单刀匹马式的《三国志演义》或《资治通鉴》里的一节。我们已是二十世纪的共和国公民了，从前封建时代的片面的道德观念已不适用，可是我们所读的文字，还有不少以宗祧贞烈等为内容的。我们是青年人，青年人所需要的是活泼勇猛的精神，可是国文教科书里尽有不少中年人或老年人所写的颓唐感伤的作品，甚至于还有在思想上态度上已经明白落伍了的东西。国文科的教材如果从内容上看来，真是杂乱而且不适合的。有些教育者见到了这一层，于是依照了内容的价值来编国文教科书，他们预先定下了几个内容项目，以为青年应该孝父母、爱国家，应该交友有信，应该办事有恒，于是选几篇孝字的传记排在一组，选几篇忠臣烈士的故事排在一组，这样一直排下去。这办法无异叫国文科变成了修身科或公民科，我觉得也未必就对。给青年读的文字当然要选择内容好的，但内容的价值，在国文科究竟不是真正的目的。

我的意思，国文科是语言文字的学科，除了文法修辞等部分以外，并无固定的内容的。只要是白纸上写有黑字的东西，当作文字来阅读来玩味的时候，什么都是国文科的材料。国文科的学习工作，不在从内容上去深究探讨，倒在从文字的形式上去获得理解和发表的能力。凡是文字，都是作者的表现。不管所表现的是一桩事情、一种道理、一件东西或一片情感，总之逃不了是表现。我们学习国文所当注重的，并不是事情、道理、东西或感情的本身，应该是各种表现方式和法则。诸君读英文的时候，曾经读过"龟兔竞走"的故事吧。诸君读这故事，如果把注意力为内容所牵住，只记得兔最初怎样自负，怎样疏忽，怎样睡熟，龟怎样努力，怎样胜过了兔等等一大串，而忘却了本课里的所有的生字难句，及别种文字上的方式，那么结果就等于只听到了"龟兔竞走"的故事，并没有学到英文。国文和英文一样，同是语言文字的科目，凡是文字语言，本身都附带有内容，文字语言本来就是为了要表现某种内容才发生的，世间决不会有毫无内容的文字语言。不过在国文科里，我们所要学习的是文字语言上的种种格式和方法，至于文字语言所含的内容，倒并不是十分重要的东西。我们自己写作的时候，原也需要内容，这内容要自己从生活上得来，国文教科书上所有的内容，既乱杂，又陈腐，反正是不适用、不够用的。我们的目的是要从古人或别人的文字里学会了记叙的方法，来随便叙述自己所要叙述的事物；从古人或别人的文字里学会了议论的方法，来随便议论自己所想议论的事情。

学习国文，应该着眼在文字的形式上，不应该着眼在内容上，这理由上面已经说了许多，想来诸君已可明白了。有一件事要请大家注意，就是文字的内容是有吸引人的力量的东西，我们和文字相接触的时候，容易偏重内容忽略形式。老实说，一般的文字语言的法则，在小学教科书里差不多已完全出现了，诸君在未进中学以前，曾经读过六年的国语，教科书共有十二册。这十二册教科书照理应该把一般的文字语言的法则包括无遗。可是据我所知道的情形看来，似乎从小学出来的人都未能把这些法则完全取得。这是不足怪的，文字语言具有内容形式两个方面，要想离开内容去注意它的形式，多少需要有冷静的头脑。小学国语教科书的内容更不同，总算是依照了儿童生活情形编造的，内容的吸引力更大，更容易叫读的人忽略形式方面。用实在的例来说，依年代想来，诸君在小学里学国语，第一课恐怕是"狗，大狗，小狗，大狗叫，小狗跳"吧。这寥寥几个字，如果从文字的形式上着眼去玩味，有单语和句子的分别，有形容词和名词的结合法，有押韵法，有对偶法，有字面重叠法，但是试问诸君当时读这课书，曾经顾着到这些吗？那时先生学着狗来叫给诸君听，跳给诸君看，又在黑板上画大狗画小狗，对诸君讲狗的故事，诸君心里又想起家里的小花或是间壁人家的来富，整个的兴趣都被内容吸引去了，哪里还有工夫来顾到文字形式上的种种方面。据我的推测，诸君之中大多数的人，在小学里学习国语，经过情形就是如此的。不但小学时代如此，诸君之中有些人在中学里读国文的情形恐怕还是如此。诸君读到一篇烈士的传记，心里会觉得兴奋吧。读到一篇悲情的小说，眼里会为了流泪吧。读到一篇干燥无味的科学记载，会感到厌倦吧。这种现象在普通读书的时候是应该的，不足为怪，如果在学习文字的时候，要大大地自己留意。对于一篇文字或是兴奋，或是流泪，或是厌倦，都不要紧，但得在兴奋、流泪或厌倦之后，用冷静的头脑去再读再看，从文字的种种方面去追求，去发掘。因为你在学习国文，你的目的不在兴奋，不在流泪，不在厌倦，在学习文字呀。

竟有许多青年，在中学已经毕业，文字还写不通的，其原因不消说就在平时学习国文未得要领。文字的所以不通，并不是缺乏内容，十之八九毛病在文字的形式上。这显然是一向不曾在文字的形式上留意的缘故。他们每日在国文教室里对了国文教科书或油印的选文，只知道听教师讲典故，讲作者的故事，典故是讲不完的，故事是听不完的，一篇一篇的作品也是读不完的。学习国文，目的就在学得用文字来表现的方法，他们只着眼于别人所表现着的内容本身，不去留心表现的文字形式，结果当然是劳而无功的。

从前的读书人学文字，把大半的工夫花在揣摩和诵读方面。当时可读的东西没有现在的多，普通人所读的只是几部经书和几篇限定的文章。说到内容，真是狭陋得很。所写的文字也只有极单调的一套，如"且夫天下之人……往往然也"之类。他们的文字虽然单调，在形式上倒是通的，只是内容空虚顽固得可笑而已。近来学生的文字，毛病适得其反，内容的范围已扩张得多了，缺点往往在形式上。这是值得大大地加以注意的。

我的话完了，今天说了不少的话，最重要的只有一句，就是说，学习国文应该着眼在文字的形式方面。至于具体的学习方法，留到下一回再讲。

下

中学生诸君：前两天，我曾有过一回讲演，题目叫做《学习国文的着眼点》，大意是说，学习国文应该从文字的形式上着眼。今天所讲的是前回的连续，前回只讲了一番大意，今天要讲到具体的方法。

学习国文的方法，从古到今不知道已有多少人说过，我今天所讲的不消说都是些"老生常谈"，请勿见笑。我是主张学习国文应该着眼在文字的形式的，我所讲的方法也是关于形式方面的事情。打算分三层来说，（一）是关于词儿的，（二）是关于句子的，（三）是关于表现方法的。

先说关于词儿所当注意的事情，第一是词儿的辨别要清楚，中国的文字是一个个的方块字，本身并无语尾变化，完全由方块的单字拼合起来造出种种的功用。中国文字寻常所用的不过一二千个字，初看去似乎只要晓得了这一二千个字，就可看得懂一切的文字了，其实这是大错的，中国常用的文字数目虽有限，可是拼合成功的词儿数目却很多，例如"轻"、"重"两个字，是小学生都认识的，但"轻"字"重"字和别的单字拼合起来，可以造成许多词儿，如"轻率"、"轻浮"、"轻狂"、"轻易"、"轻蔑"、"轻松"、"轻便"都是用"轻"字拼成的词儿，"重要"、"重实"、"严重"、"厚重"、"沉重"、"郑重"、"尊重"都是用"重"字拼成的词儿，此外还可有各种各样的拼合法。这些词儿当然和原来的"轻"字"重"字有关联，可是每个词儿意思情味并不一样，老实说每个都是生字。你在读文字的时候必会和许许多多的词儿相接触，你在写文字的时候必要运用许许多多的词儿，词儿的注意，是很要紧的。中国从前的字典只有一个个的单字，近来已有辞典，不仅仅以单字为本位，把常用的词儿都收进去了。每一个词儿的意义似乎可用辞典来查考，但是你必须留意，辞典对于词儿的解释，是用比较意思相像的同义语来凑数的，譬如说"轻狂"和"轻薄"两个词儿，明明是有区别的，可是你如果去翻辞典，就会见"不稳重"或"不庄重"等类的共通的解释。这并不是辞典不好，实在是无可奈何的事，一个词儿的意义是多方面的，辞典当然不能一一列举，只能把大意用别的同义语来表示了。词儿不但有意义，还有情味，词儿的情味，完全要靠自己去领略，辞典是无法帮忙的。犹之吃东西，甜、酸、苦、辣是尝得出而说不出的。文字语言是社会的产物，词儿因了许多人的使用，各有着特别的情味，这情味如不领略到，即使表面的意义懂得了，仍不能算已了解了这词儿。再举例来说，"现代"和"摩登"，意思是差不多的，可是情味大大不同。"现代学生"、"现代女子"并不就是"摩登学生"、"摩登女子"的意思。这因为"摩登"二字在多数人的心目中已变更了意义，"现代"二字不能表出它的情味了。又如"贼出关门"和"亡羊补牢"这两句成语，都是事后补救的譬喻，意思也差不多，但使用在文字语言里，情意也有区别，"贼出关门"表示补救已来不及，"亡羊补牢"表示尚来得及补救。这因为"亡羊补牢"一向就和"未为晚也"联在一处，而"贼出关门"却是说人家失窃以后的情形的缘故。对于词儿，不但要知道它的解释，还要懂得它的情味。你在读文字的时候，如果不用这步工夫，那么你不但对于所读的文字不能十分了解，将来自己写起文字来也难免要犯用词不当的毛病。

上面所讲的是词儿的解释和情味两方面。关于词儿，另外还有一个方面值得注意，就是词儿在句子中的用法，这普通叫词性，是文法上的项目。我在前面曾经讲过，中国文字本身是一个个的方块字，一个词儿用作名词、动词、形容词、副词，有时候都可以的。譬如"上下"一个词儿，就有各种不同的用法，这里有几句句子："上下和睦"，"上下其手"，"张三李四成绩不相上下"，"上下房间都住满了人"，这几句句子里都有"上下"的词儿，可是文法上的词性各不相同。"上下"是两个单字合成的词儿尚且有这些变化，至于单字的词儿变化更多了。这些变化，在普通的辞典里是找不着的，你须得在读文字的时候随处留意。你已记得梅花兰花的"花"字了，如果在读文字的时候碰到花钱的"花"字，花言巧语的"花"字，或是眼睛昏花的"花"字，都应该记牢，如果再碰到别的用法的"花"字，也应该记牢，因为这些都是"花"字的用法。你如果只知道梅花兰花的"花"，不知道别的"花"，就不能算完全认识了"花"的一个词儿。

关于词儿，可说的方面还不少，上面所举出的三项，就是词儿的意义、情味，在句子中的用法，是比较重要的，学习的时候应该着眼在这些方面。

以下要讲到句子了。关于句子，第一所当着眼的是句子的样式。自古以来用文字写成的东西，不知有多少，即就诸君所读过的来说，也已很可观了。这些文字，虽然各不相同，若就一句句的句子看来，我认为样式是并不多的。我曾经有一个志愿，想把中国文字的句式来作归纳的统计，办法是取比较可做依据的书，文言文的如"四书"、"五经"，白话的如《红楼梦》、《水浒》，句句地圈断、剪碎，按照形式相同的排比起来，譬如说"子曰"、"曾子曰"、"孟子曰"和"贾宝玉道"、"林黛玉道"、"武松道"归成一类，"不亦悦乎"、"不亦乐乎"、"不亦快哉"归成一类，"穆穆文王"、"赫赫泰山"、"区区这些礼物"归成一类，"烹而食之"、"顾而乐之"、"垂涎泣而道之"归成一类，这样归纳起来，据我推测，句子的种类是很有限的。确数不敢说，至多不会超过一百种的式样。诸君如不信，不妨去试试。读文字，听谈话，能够留心句式，找出若干有限的格式来，不但在理解上可以省却力气，而且在发表上也可以得到许多便利。诸君读文言传记，开端常会碰到"××，××人"或"××者××人也"吧，这是两个式样，如果有时候碰到"一丈，十尺"或"人者仁也"，不妨把它归纳起来当作一类的格式记在肚子里。诸君和朋友谈话，如果听到"天会下雨吧"、"我要着皮鞋了"，就把它归纳起来当作一类格式来记住。

这样把句子依了式样来归并，可以从繁复杂乱的文字里看出简单的方法来，在学习上是非常切实有用的。此外尚有一点要注意，句子的式样是就句子独立着的情形讲的。一篇文字由一句句的句子结合而成，句子和句子的关系并不简单。平常所认定的句子的式样，和别的辞句连在一处的时候，也许可以把性质全然变更。譬如说"山高水长"这句句式和"桃红柳绿"咧、"日暖风和"咧，是同样的。但如果就上面加成分上去，改为"先生之风山高水长"的时候，情形就不同了。光是从"山高水长"看来，高的是山，长的是水，至于在"先生之风山高水长"里面，高的不是山，是先生之风，长的不是水，也是先生之风，意思是说"先生之风像山一般地高，水一般地长"了。这种情形，日常语言里也常可碰到，譬如，"今天天气很好"、"我和你逛公园去吧"，这是两句独立完整的句子，如果联结起来，上一句就成了下一句的条件，资格不相等了。一句句子放在整篇的文字里和上文下文可以有种种的关系，连接的式样很多，方才所举的只不过一二个例子而已。读文字的时候对于每一句句子不但要单独地认识它，还要和上下文联结了认识它，自己写作文字的时候，对于每一句句子不但要单独地看来通得过，还要合着上下文看来通得过。尽有一些人，在读文字的时候，逐句懂得，而贯串起来倒不清楚，写出文字来，逐句看去似乎没有毛病，而连续下去却莫名其妙，这都是未曾把句子和句子的关系弄明白的缘故。

上面已讲过词儿和句子，以下再讲表现的方法。文字语言原是表现思想感情的工具，我们心里有一种意思或是感情，用文字写出来或口里讲出来，这就是表现。表现有各种各样的方法，同是一种意思或感情，可有许多表现的方式，同是一句话，可有各种各样的说法。譬如说"张三非常喜欢喝酒"，这话可以改变方式来说，例如"张三是个酒徒"咧，"张三是酒不离口"咧，"酒是张三的第二生命"咧，意思都差不多，此外不消说还可有许多的表现法。"晚上睡得着"一句话可以用作"安心"的表现；骂人"没用"，有时可以用"饭桶"来表现，有时可以用反对的说法，说他是"宝贝"或"能干"。意思只是一个，表现的方法却不止一个，在许多方法之中究竟哪一种好，这是要看情形怎样，无法预定的。读文字的时候最好能随时顾到，看作者所用的是哪一种表现法，用得有没有效果？自己写作文字，对于自己所想表现的意思，也须尽量考虑，选择最适当的表现法。

文字语言的一切技巧，可以说就是表现的技巧。写一件事情、一种东西或是一种感情，用什么文体来写，先写什么，后写什么，写得简单或是写得详细，诸如此类，都是表现技巧上的问题。所以值得大大地注意。

我在上面已就了词儿、句子、表现法三方面，分别说明应该注意的事情，这些都是文字的形式上应该着眼的。诸君学习文字，我觉得这些就是值得努力的地方。

末了，我劝诸君能够用些读的工夫。从前的读书人，学习文字唯一的方法就是读。自有学校教育以来，对于文字往往只用眼睛看，用口来读的人已不多了。其实读是很有效的方法，方才所举的关于词儿、句子、表现法等类的事项，大半是可在读的时候发见领略的。我认为诸君应该选择几篇可读的文字来反复熟读，白话文也可以用谈话或演说的调子来读。读的篇数不必多，材料要精，读的程度要到能背诵。读得熟了，才能发见本篇前后的照应，才能和别篇文字作种种的比较。因为文字读得会背诵以后，离开了书本可随时记起，就随时会有所发见，学习研究的机会也就愈多了。不但别人写的文字要读，自己写文字的时候也要读，从来名家都用过就草稿自读自改的苦功。

关于国文的学习，可讲的方面很多。时间有限，今天所讲的只是这些。我对于中学国文教学，曾发表过许多意见，有两部书，一部叫《文心》；一部叫《国文百八课》，都是我和叶圣陶先生合写的，诸君如未曾看到过，不妨参考参考。

1936年

┃导读┃ 　夏丏尊不是实用主义，实际上所否定的应该是抱着实利思想的实用主义。有前面的几个字，这种实用主义就成了一种负面的存在。在实用主义之前如果加上"中国的"字样，也就有了一种现实的意义，虽在外国人亦有之。

中国的实用主义

　　前天，本校数学教师刘心如先生和我说："有一个学生问我，数学学了有什么用？"我听了他的话，不觉想起了从书上看见过的一个故事来。几何学的老祖宗欧几利德曾聚集了许多青年教授几何，其中有一青年对于几何学也发生学了有什么用的疑问来，去问欧几利德。欧几利德叫人拿两个铜币给他。这青年莫名其妙起来。欧几利德和他说："你不是问'用'吗？铜币是可'用'的，你拿去用吧！"

　　刘先生在本校所用的数学教科书是美国布利士的混合数学。美国是以重实用出名的国度，哲学上的实用主义，美国很有几个大家，美国的教育全重实用。这重实用的布利士的数学教科书，学了还怕没有用，中国人的实用狂，程度现在美国以上了！

　　中国民族的重实利由来已久，一切学问、宗教、文学、思想、艺术等等，都以实用实利为根据。

　　一、学问　中国古来少有独立的学问：历史是明君臣大义的；礼是正人心的；乐是移风易俗的；考据金石之学是用以解经的……哪一件不是政治或圣人之经的奴隶？这就是各种学问的用处！

二、宗教　中国古来宗教的对象是天，"畏天"、"敬天"等语时见于古典中。可是中国人对于天的敬畏，全是以吉凶祸福为标准的，以为天能授福，能降凶，畏天敬天就是想转凶为吉，避祸得福。这种功利的宗教心，和他民族的绝对归依的宗教心全异其趣。佛教原是无功利的色彩的，一传入中国也蒙上了一层实利的色彩。民众间的求神或为求子，或为免灾。所谓"急来抱佛脚"，都是想"抛砖引玉"，取得较多的报酬。

三、思想　中国无唯理哲学。《易经》总算是论高远的哲理的，但也并不是为理说理，是以为明了理可以致用的。什么吉、什么凶、什么祸福等类的词，充满于全书中。可见《易经》虽说抽象的哲理，其目的所在仍是具体的实用，怪不得到现在流为占卜的工具了。到了孔子，这实用主义越发明白表示了。"未知生，焉知死"，"子不语怪力乱神"，是何等现世的、实利的！孟子以后，这实利主义更加露骨。孟子教梁惠王、齐宣王行仁义，都是以"利"或富国强兵为钓饵的。

和孔孟相较，老子的思想似乎去实用较远，其实内面仍充满着实利的分子。老子表面上虽主张无为，而其目的却在提倡了"无为"去做到"无不为"；在某种意义上，实利的欲望可谓远过于孔孟，观法家思想的出于老子，就可知道老子的精神所在了。

四、文学　"文以载道"的中国当然少有纯粹的文学。我们试看上古的文学内容怎样，不是大多数是讽政治之隆污、颂君后之功德的吗？一部《诗经》中纯粹的抒情诗有几？偶然有几首人情自然流露如男女恋爱的诗，也被注家加上别的解释了。《诗经》以后的诗虽实利的分子较少，但往往被人视为小道，视为雕虫小技，除一二所谓"好学者"外是少有兴味的。戏曲小说也是这样，教做劝善惩恶或移风易俗的奴隶。无论如何龌龊的戏剧和小说，只要用着什么"报"字为名，就都可当官演唱，毫无顾忌。做小说戏曲的人也要用"言之者无罪，闻之者足戒"为标语。因为文人作文是要有益于世道人心的，无益于世道人心的文字在中国是不能存在的！

五、艺术　中国虽是古国，可是艺术很不发达，因为艺术和实用是不相调和的。中国历史上的旧建筑物只有城垒等等，至于普通家屋，到现在还不及世界任何的文明国。佛教传入以后，带了许多的佛教艺术来，造像、塔、寺殿等，到中国后虽无远大进步，仍不失为中国艺术上的重要部分。中国对艺术皆用实利的眼光去看，替艺术品穿上一件实利的衣裳。秦汉以来金石上的吉祥语就是这心情的表现。再看中国画上的题句吧！画牡丹花的，要题什么"玉堂富贵"；画竹子的，要"华封三祝"。水墨龙画是可以避火的，钟馗像是可以避邪的，所以大家都喜欢挂在厅堂里。

中国的实利主义的潮流发源可谓很远，流域也很广泛，滔滔然几乎无孔不入。养子是为防老，娶妻是为生子，读书是为做官，行慈善是为了名声……除用"做什么是为什么"来做公式外，实在说也说不尽！中国对于事情非有利不做，而所谓利，又是眼前的、现世的、个人的利。凡事要用利来引诱才得发生兴趣，所谓"利之所在，人必趋之"。凡事要讲"用"，凡事要问："有什么用？"怪不得现在大家流行所谓"利用"的手段了！

中国人经商向来是名闻全球的。其实，中国人是天生的好商人，即不经商的官僚、兵卒、学者、教师，也都含有商人性质的。

这样传统的实利实用思想，如果不除去若干，中国是没有什么进步可说的！我们生活在地球上，要绝对地不管实用原是不可能的事，但不应只作实用实利的奴隶。世界的文明有许多或是由需要而成的，例如因为要避风雨就发明了房屋，因为要充饥就发明了饮食等。但我们究不应说房屋只要能避风雨就够、饮食只要能充饥就够的。中国人的实用实利主义，实足扑杀一切文明的进化。

又，文明之中，有大部分是发明者先无所为，到了后来却有大用大利的。瓦特用心研究蒸汽力时，何尝想造火车头？居利究镭，何尝想造夜光表？化学学者在试验室里把试验管用心观察，发明了种种事情，何尝是为了开工场做富翁？发明电气的何尝料到可以驶电车？

　　人类有创造的冲动，种种文明都可以说是创造冲动的产物。中国人的创造冲动都被浅薄的实利实用主义压灭了！你看，孜孜于实用实利的中国人，有像瓦特、居利那样的文明的创造者发明者吗？旧有的文明有进步吗？火药是中国发明的，在中国不是只做鞭炮吗？罗盘是中国发明的，不是到现在只用来看风水吗？

　　惟其以实用实利为标准，结果愈无利可得，无用可言。因为对于一切的要求太低，当然不会发生较高的欲望来。例如中国人娶妻的目的在生子，那么就只要有生殖机关的女子就不妨做妻了！社会上实际情形确是如此。你看这要求何等和平客气，真是所谓"所欲不奢"了！

　　中国人因为几千年抱实利实用主义的缘故，一切都不进化。无纯粹的历史，无纯粹的宗教，无纯粹的艺术，无纯粹的文学，并且竟至于弄到可用的物品都没有了！国民日常所用的物品，有许多都要仰给外人，金钱也流到外人的手里去！

　　几千年来抱着实利实用主义的中国人啊！你们的"用"在哪里？你们的"利"在哪里？

1923年

导读 教师对于学生所应取的手段，只有教育与教训二种：教育是积极的辅助，教训是消极的防制。这两种作用，普通皆依了教师的口舌而行。要想用口舌去改造学生，感化学生，原是一件太不自量的事，特别地在教训一方面，效率尤小。

读书与冥想

如果说山是宗教的，那么湖可以说是艺术的、神秘的，海可以说是革命的了。

梅戴林克的作品近于湖，易卜生的作品近于海。

*

湖大概在山间，有一定数目的鳞介做它的住民，深度性状也不比海的容易不一定。幽邃寂寥，易使人起神秘的妖魔的联想。古来神妖的传说多与湖有关系：《楚辞》中洞庭的湘君，是比较古的神话材料。西湖的白蛇，是妇孺皆知的民众传说。此外如巢湖的神姥（刘后村《诗话》：姜白石有《平调满江红》词，自序云："《满江红》旧词用仄韵，多不协律……予欲以平韵为之，久不能成。因泛巢湖……祝曰：'得一夕风，当以《平韵满江红》为迎送神曲。'言讫，风与笔俱驶，顷刻而成"）、芙蓉湖的赤鲤（《南徐州记》："子英于芙蓉湖捕得一赤鲤，养之一年生两翅。鱼云：'我来迎汝。'子英骑之，即乘风雨腾而上天，每经数载，来归见妻子，鱼复来迎"）、小湖的鱼（《水经注》："谷水出吴小湖，径由卷县故城下。"《神异传》曰："由拳县，秦时长水县也。"始皇时县有童谣曰："城门当有血，城陷没为湖。"有老妪闻之忧惧，旦往窥城门，门侍欲缚之，妪言其故。后，门侍杀犬以血涂门。妪又往，见血走去，不敢顾。忽又大水长欲没县，主簿令干入白令。令见干曰："何忽作鱼?"干又曰："明府亦作鱼。"遂乃沦为谷矣）、白马湖的白马 （《水经注》："白马潭深无底。传云：创湖之始，边塘屡崩，百姓以白马祭之，因以名水。"又，《上虞县志》：晋县令周鹏举治上虞有声，相传乘白马入湖仙去）等都是适当的例证。湖以外的地象，如山、江、海等，虽也各有关联的传说，但恐没有像湖的传说的来得神秘的和妖魔的了，可以说湖是地象中有魔性的东西。

*

将自己的东西给予别人，还是容易的事，要将不是自己的东西当作自己的所有来享乐，却是一件大大的难事。"虽他乡之洵美兮，非吾土之可怀"，就是这心情的流露。每游公园名胜等公共地方的时候，每逢借用公共图书的时候，我就起同样的心情，觉得公物虽好，不及私有的能使我完全享乐，心地的窄隘，真真愧杀。这种窄隘的心情，完全是私有财产制度养成的。私有财产制度一面使人能占有所有，一面却使人把所有的范围减小，使拥有万象的人生变为可怜的穷措大了。

*

熟于办这事的曰老手，曰熟手，杀人犯曰凶手，运动员曰选手，精于棋或医的人曰国手，相助理事曰帮手，供差遣者曰人手，对于这事负责任的曰经手，处理船务的曰水手……手在人类社会的功用真不小啊。

人类的进化可以说全然是手的恩赐。一切机械就是手的延长。动物虽有四足，因为无手的缘故，进步遂不及人类。

*

近来时常做梦，有儿时的梦，有遇难的梦，有遇亡人的梦。

一般皆认梦为虚幻，其实由某种意义看，梦确是人生的一部分，并且有时比现实生活还要真实。白日的秘密，往往在梦呓中如实暴露。在悠然度日的人们，突然遇着死亡疾病灾祸等人世的实相的时候，也都惊异地说："这不是梦吗?""好比做了一场梦!"

梦是个人行为和社会状况的反光镜。正直者不会有窃物的梦,理想社会的人们不会有遇盗劫受兵灾的梦。

*

高山不如平地大。平的东西都有大的涵义。或者可以竟说平的就是大的。

人生不单因了少数的英雄圣贤而表现,实因了蚩蚩平凡的民众而表现的。啊,平凡的伟大啊。

*

沙翁戏曲中的男性几乎没有一个完全的人。《阿赛洛》(今译为《奥赛罗》)中的阿赛洛,《叙利·西柴》中的西柴等,都是有缺点的英雄;《哈姆列脱》(今译为《哈姆雷特》)中的哈姆列脱,是空想的神经质的人物,《洛弥阿与叙列叶》(今译为《罗密欧与朱丽叶》)中的洛弥阿是性急的少年。

但是,他的作品中的女性几乎没有一个不是聪明贤淑、完全无疵的人。《利亚王》(今译为《李尔王》)中的可莱利亚(今译为考狄利娅),《阿赛洛》中的代斯代马那(今译为苔丝德蒙娜),《威尼斯商人》中的朴尔谢(今译为鲍西娅)等,都是女性的最高的典型(据拉斯京的《女王的花园》)。

沙翁将人世悲哀的原因归诸人性的缺陷,这性格的缺陷又偏单使男性负担。在沙翁剧中,悲剧是由男性发生,女性则常居于救济者或牺牲者的地位。

*

教师对于学生所应取的手段,只有教育与教训二种:教育是积极的辅助,教训是消极的防制。这两种作用,普通皆依了教师的口舌而行。要想用口舌去改造学生,感化学生,原是一件太不自量的事,特别地在教训一方面,效率尤小。可是教师除了这笨拙的口舌,已没有别的具体的工具了。不用说,理想的教师应当把真心装到口舌中去,但无论口舌中有否笼着真心,口舌总不过是口舌,这里面有着教师的悲哀。

*

能知道事物的真价的，是画家、文人、诗人。凡是艺术，不以表示了事物的形象就算满足，还要捕捉潜藏在事物背面或里面的生命。近代艺术的所以渐渐带着象征的倾向，就是为此。

生物学者虽知把物分为生物与无生物，其实世间的一切都是活着的。泥土也是活的，水也是活的，灯火也是活的，花瓶也是活的，都有着力，都有着生命。不过这力和生命，在昏于心眼的人却是无从看见，无从理会。

*

学画兰花只要像个兰花，学画山水只要像个山水，是容易的，可是要它再好，是不容易的了。写字但求写得方正像个字，是容易的，可是要它再好是不容易的了。

真要字画文章好，非读书及好好地做人不可，不是仅从字画文章上学得好的。那么，有好学问或好人格的人都可以成书画家文章家了吗？那却不然，因为书画文章在某种意义上是艺术的缘故。

1922年12月1日、1923年5月1日
刊《春晖》第三期、第十二期

导读　这是一篇回顾性的文章，我们可以从中读到少年夏丏尊求学的辛酸与收获，大有借鉴之处。

我的中学生时代

中学校时代，在年龄上是指十三四岁到十八九岁的一段。我今年四十六岁，我的中学校时代已是三十年以前的事了。那时正是由科举过渡到学校的当儿，学校未兴，私塾是唯一的学校。我自幼也从塾师读经书，学八股，考秀才，后来且考过举人。及科举全废的前两三年，然后改进学校，可是未曾在什么学校里毕过业，未曾得过卒业文凭。

我上代是经商的，父亲却是个秀才。在十岁以前，祖父的事业未倒，家境很不坏，兄弟五人中据说我在八字上可以读书，于是祖父与父亲都期望我将来中举人点翰林，光大门楣，不预备叫我去学生意。在我家坐馆的先生也另眼相看，我所读的功课是和我的兄弟们不同的。他们读毕四书，就读些《幼学琼林》和尺牍书类，而我却非读《左传》、《诗经》、《礼记》等等不可。他们不必做八股文，而我却非做八股文不可。因为我是要预备将来做读书人的。

十六岁那年我考得了秀才，以后不久八股即废，改"以策论取士"。八股在戊戌政变时曾废过，不数月即恢复，至是时乃真废了。这改革使全国的读书人大起恐慌。当时的读书人大都是一味靠八股吃饭的，他们平日朝夕所读的是八股，案头所列的是闱墨或试帖诗，经史向不研究，"时务"更所茫然。我虽八股的积习未深，不曾感到很大的不平，但要从师也无师可从，只是把《大题文府》等类搁起，换些《东来博议》、《读通鉴论》、《古文观止》之类的东西来读，把白折纸废去，临摹碑帖，再把当时唯一的算术书《笔算数学》买来自修而已。

那时我家里的情况已大不如从前了。最初是祖父的事业失败，不久祖父即去世。父亲是少爷出身，舒服惯了的。兄弟们为家境所迫，都托亲友介绍，提早做商店学徒去了。五间三进的宽大而贫乏的家里，除了母亲和一个嫂子，就剩了父子两个老小秀才。父亲的书箱里，八股文以外有一部《史记》，一部《前汉后书》，一部《韩昌黎集》，一部《唐诗三百首》，一部《通鉴纲目》，一部《文选》，一部《聊斋志异》，一部《红楼梦》，一部《西厢记》，一部《经策通纂》，一部《皇清经解》，还有几种唐人的碑帖与《桐荫论画》等论书画的东西。父子把这些书作长日的消遣，父亲爱写字、种花、整洁居室，室里干净清静得如庵院一般。这样地过了约莫一年。

亲戚中从上海回来的，都来劝读外国书（即现在的所谓进学校）。当时内地无学校，要读外国书只有到上海。据说上海最有名的是梵王渡（即现在的圣约翰大学），如果在那里毕业，包定有饭吃。父母也觉得科举快将全废，长此下去究不是事，于是就叫我到上海去读外国书。当时读外国书的地方并不多，外国人立的只有梵王渡、震旦与中西书院，中国人立的只有南洋公学。我是去读外国书的，当然要进外国人的学校。震旦是读法文的，梵王渡据说程度较高，要读过几年英文才能进去，中西书院（即现在东吴大学的前身）入学比较容易些，我于是就进中西书院。

那时生活程度还很低，可是学费却已并不便宜，中西书院每半年记得要缴费四十八元。家中境况已甚拮据，我的第一次半年的学费还是母亲把首饰变卖了给我的。我与便友同伴到了上海，由大哥送我入中西书院。那时我年十七。

中西书院分为六年（？）毕业，初等科三年，高等科三年，此外还有特科若干年。我当然进初等科，那时功课不限定年级，是依学生的程度定的。英文是甲班的，算学如果有些根底就可入乙班，国文好的可以入丙班。我英文初读，入甲班，最初读的是《华英初阶》，算学乙班，读《笔算数学》；国文，甲班；其余各科也参差不齐，记不清楚了。各种学科中，最被人看不起的是国文，上课与否可以随便，最注重的是英文。时间表很简单，每日上午全读英文，下午第一时板定是算学，其余各科则配搭在数学以后。监院（即校长）是美国人潘慎文，教习有史拜言、谢鸿赉等。同学一百多人，大多数是包车接送的富者之子，间有贫寒子弟，则系基督教徒，受有教会补助，读书不用花钱的。我的同学中很有许多现今知名之士。记得名律师丁榕、经济大家马寅初，都是我的先辈的同学。

中西书院门禁森严，除通学生外，非得保证人来信不能出大门一步，并且星期日不能告假（因为要做礼拜），情形几等于现在的旧式女学校。告假限在星期六下午。我的保证人是我的大哥，他在商店做事，每月只来带我出去一次，有时他自己有事，也就不来领我。我在那里几乎等于笼鸟，尤其是礼拜日，逃不掉做礼拜觉得很苦。

礼拜真正多极。每日上课前要做礼拜，星期三晚上要做礼拜，星期日早晨要做礼拜，晚上又要做礼拜。每次礼拜有舍监来各房间查察，非去不可。每日早晨的礼拜约须三十分钟，其余的都要费一小时以上。唱赞美歌，祷告，讲经，厌倦非凡。这种麻烦，如果叫现今每周只做一次纪念周犹嫌费事的学生诸君去尝，不知能否忍耐呢。

读了一学期，学费无法继续，于是只好仍旧在家里，用《华英进阶》、《华英字典》（这是中国第一部英文字典，商务出版）、《代数备旨》等书自修。另外再作些策论《四书义》，请邑中的孝先生评阅。秋间再去考乡试，举人当然无望，却从临时书肆（当时平日书店很少，一至考试时，试院附近临时书店如林）买了严译《原富》、《天演论》等书回来，莫名其妙地翻阅。又因排满之呼声已起，我也向朋友那里借了《新民丛报》等来看，由是对于明末清初的故事与文章很有兴味，《明季稗史》、《明夷待访录》、《吴梅村集》、《虞初新志》等书，都是我所耽读的。

十八岁那年，因了一位朋友的劝告，同到绍兴府学堂（即现在浙江第五中学的前身）入学。在那一二年中，内地学堂已成立了不少。当时办学概依奏定学堂章程，学制很划一。县有县学堂，性质为现在的高小程度，府学堂则相当于现在的中学，省学堂相当于大学预料，京师大学堂即现在的所谓大学了。学堂的成立，并无一定顺序，我们绍属是先有中学，后有小学的。府学堂不收学费，宿费更不须出，饭费只每月二元光景。并且学校由书院改设，书院制尚未全除，月考成绩若优，还有一元乃至几毛钱的"膏火"可得（膏火是书院时代的奖金名称，意思是灯油费）。读书不但可以不花钱，而且弄得好还有零用可获得的。

府学堂的科目记得为伦理、经学、国文、英文、史学、舆地、算学、格致（即现在的理化博物）、体操、测绘（用器画舆地图），功课亦依程度编级，一如中西书院的办法。我因英文已有半年每日三点钟及在家自修的成绩，居然大出风头，被排在程度顶高的一级里，算学与国文的班次也不低。同学之中年龄老大的很多，班级皆低于我，我于是颇受师友的青眼。

国文是一位王先生教的，选读《皇朝经世文编》，作文题是《范文正公为秀才时便以天下为己任》《士先器识而后文艺》之类。经学是徐先生（即刺恩铭的徐锡麟烈士）担任的，他叫我们读《公羊传》，上课时大发挥其微言大义。测绘也由这位徐先生担任。体操教师是一位日本人。他不会讲中国话，口令是用日本语的，故于最初就由他教我们几句体操用的日本语，如"立正"、"向前"之类。伦理教师最奇特，他姓朱，是绍兴有名的理学家，有长长的须髯，走路踱方步，写字仿朱子。他教我们学"洒扫应对"，"居敬存诚"，还教我们舞侑，拿了鸡尾似的劳什子作种种把戏。据他的主张，上课时书应端执在右手，不应挟在腋下；上班退班都须依照长幼之序"鱼贯而行"，不应作鸟兽散；见先生须作揖，表示敬意。我们虽不以为然，却不去加以攻击，只依老古董相待罢了。

当时青年界激昂慷慨，充满着蓬勃的朝气，似乎都对于中国怀着相当的期待，不像现在的消沉幻灭。庚子事件经过不久，又当日俄战争，风云恶劣，大家都把一切罪恶归诸满人，以为只要把满人推倒，国事就有希望了。《新民丛报》、《浙江潮》等杂志大受青年界的欢迎，报纸上的社论也大被注意阅读。那时恋爱尚未成为青年间的问题，出路的关心也不如现在的急切（因为读书人本来不大讲究出路），三四朋友聚谈，动辄就把话题移到革命上去，而所谓革命者，内容就只是排满，并没有现在的复杂。见了留学生从日本回来没有辫子，恨不得也去留学，可以把辫子剪去（当时普通人是不许剪辫子的）。见了花翎颜色顶子的官吏，就暗中憎恶，以为这是奴隶的装束。卢梭、罗兰夫人、马志尼等，都因了《新民丛报》的介绍，在我们的心胸里成了令人神往的理想人物。罗兰夫人的"自由，自由！天下几多罪恶假汝之名以行！"已成了摇笔即来的文章的套语了。

我在这样的空气中过了半年中学生活，第二学期又辍学了。这次辍学并非由于拿不出学费，乃是为了要代替父亲坐馆。父亲在一年来已在家授徒了，一则因邻近有许多小孩子要请人教书，二则父亲嫌家里房屋太大，住得太寂寞，于是在家里设起私塾来。来读的是几个族里与邻家的小孩。中途忽然有一位朋友要找父亲去替他帮忙，为了友谊与家计，都非去不可。书馆是不能中途解散的，家里又无男子，很不放心，于是就叫我辍学代庖。功课当然是我所教得来的。学生不多，时间很有余暇，于是一壁教书，一壁仍行自修。家里人颇思叫我永继父职，就长此教书下去。本乡小学校新立，也邀我去充教习，但我总觉得心不甘。

恰好一个亲戚的长辈从日本留学法政回来，说日本如何如何的好，求学如何如何的便利。我对于日本留学梦想已久了，听了他的话，心乃愈动。父母并不大反对，只是经费无着，乃遍访亲友借贷，很费力地集了五百元，冒险赴日。

当时赴日留学成为一种风气。东京有一个宏文学院，就是专为中国留学生办的，普通科二年毕业，除教日语外，兼教中学课程。凡想进专门以上的学校的，大概都在那里预备。我因学费不足两年的用度，乃于最初数月请一日本人专教日文，中途插入宏文学院普通科去。总算我的自修有效，英算各科居然尚能衔接赶上。在那里将毕业的前二三月，东京高等工业学校招考了，我不待毕业就去跨考，结果幸而被录取。当时规定，入了官立专门学校就有官费的，而浙江因人多不能照办。我入高工后快将一年，就领不到官费，家中已为我负债不少，结果乃又不得不中途辍学回国，谋职糊口。我的中学时代就此结束了，那年我二十一岁。

总计我的中学时代，经过许多的周折，东补西凑，断续不成片断。我为了修得区区的中学课程，曾经过不少磨难，空费过长期的光阴。这种困苦的经验，当时不但我个人有过，实可谓是一般的情形。现在的中学生在这点上真足艳羡，真是幸福。

1931年

导读 作为知识分子，因高度的责任感与社会关怀，个人的碰壁是难免的，也会因此时常联想到知识分子阶级的命运，写这样忧心忡忡文章的人，多不是为自己的命运而忧，他们所忧的，是一种因为对于知识阶级的轻视、怠慢而使社会处于一种危机之中。

知识阶级的运命

一

近来阶级意识猛然抬头，有种种的阶级的名称，其中一种叫做知识阶级。

知识阶级是什么？如果依照了唯物的社会主义论者的口吻来说，世间只有"勃尔乔"与"普洛列太里亚"两种阶级，别没有什么可谓知识阶级的了。我国古来分人为四种，叫做"士农工商"，知识阶级，似乎就是古来的所谓士。但古来的士，人数不多，向未成为一阶级。并且古代封建制度倒坏已久，现在要想依照士的地位来生活断不可能。任凭你讨老婆用"士婚礼"，父母死了用"士丧礼"，父亲根本不是大夫，你也没有世禄，将如何呢？

知识阶级的正体实近于幽灵，难以捉摸。说他是无产者呢，其中却有每小时十元、出入汽车的大学教授，展览会中一幅油画要售数千金（虽然大家买不起，从无销路）的画家，出洋回国挂博士招牌的学者。说他是资本家呢，其中又有月薪十元不足的小学教师，被人奴畜的公署书记，每几字售一个铜板的文丐。知识阶级之中实有表层中层与底层之别：同一教育者，大学教授（野鸡大学当然不在其内）是上层，小学教师是下层；同一文人，月收版税数千元或数百元的是上层，每千字售二三元的是下层。上层的近于资本家或正是资本家，下层的近于无产阶级或正是无产阶级。

就广义言，不管上层与下层都可谓之知识阶级；就狭义言，所谓知识阶级者实仅指下层的近于无产阶级或正是无产阶级的人们。因为在上层的人数不多，并不足形成一阶级的。

为划清范围计，姑且下一个知识阶级的定义如下：

所谓知识阶级者，是曾受相当教育，较一般俗人有学识趣味与一技之长的人们。学校教员、牧师、画家、医师、新闻记者、公署职员、文士、工场技师，都是这类的人物；现在中学以上的学生，就是其候补者。

二

"儒冠误人"，知识阶级的失意原是古已有之的事。可是古来知识阶级究竟有过优越的地位。"万般皆下品，唯有读书高"，太远的事且不谈，二十年以前，秀才到法庭就无须下跪，可以不打屁股的。光绪中叶，"洋务"大兴，科举初废，替以学堂，略谙 ABCD，粗知加减乘除，就可睥睨一世，自诩不凡，群众视留学生如神人，速成科出身的留学生升官发财，爬上资本家的地位者尽多。当时知识阶级（其实有许多是无知阶级）的被优遇，真是千载一时的了。"重赏之下，必有勇夫"，于是学校渐以林立，做父兄的不惜负了债卖了产令子弟求学，预备收一本万利之效；做子弟的亦鄙农工商而不为，鲫鱼也似地奔向中学或大学去。官立学校容不下了，遂有许多教育商人出来开设许多商店式的中学或大学。三年以前，只上海一区就有大学三十八所，每逢星期，路上触目可见到着皮鞋洋服挂自来水笔的学生，懿欤盛矣！

但世间好事是无常的，知识阶级的所以受欢迎，实由于数目的稀少。金刚石原是贵重的东西，如果随处随时产出，就要不值世人一顾了。全国教育诚不能算已发达，中等以上的毕业生年年产数当不在少数，单就上海一隅说，专门或大学毕业生可得几千，全国合计，应有几万吧。这每年几万的知识阶级，他们到哪里去呢？有钱有势的不消说会出洋，出洋最初是到日本，十五年前流行的是到美国，现在则一致赴法兰西了。出洋诸君一切问题尚在成了博士以后，暂且搁在一边，当面所要考察的是无力镀金留在本国的诸君的问题。

不论是习农的习商的习工的或是习什么的，在中国现今，知识阶级的出路只有两条康庄大道，一是从政，一是教书。不信，但看事实！中国已有不少的农科毕业生了，试问全国有若干区的农场？已有不少的工科毕业生了，试问够得上近代工业的工厂有几处？至于商业，原是中国人素所自豪的行业，但试问公司银行店员是经理股东的亲戚本家多呢，还是商科毕业生多？于是乎知识阶级的诸君只好从政与教书了。从政比较要有手腕，教书比较要有实力，那么无手腕无实力的诸君怎样呢？

友人子恺的《漫画集》中曾有一幅叫做《毕业后》的，画有一西装少年叉手枯坐，壁间悬着大学毕业证书。这虽是近于刻毒的讽刺，但实际上这样画中人恐怕到处皆是吧。

民十三年上海邮局招考邮务员四十人，应试者逾四千人。我有一个朋友曾毕业于日本东京高师英语部的，亦居然去与试，取录是取录了，还须候补，这位朋友未及补缺，已于去年死了。去年之秋，上海某国立大学招考书记七人，而应试者至目六七十人之多。我曾从做该校教授的朋友某君处看到他们的试卷与相片履历，文章的过得去不消说，字体的工整，相貌的漂亮，都不愧为知识阶级，其履历有曾从法政专门毕业做过书记官的，有曾在某大学毕业的，有曾在师范学校毕业做过若干年的小学教师的。我那时不禁要叹惋说："斯文扫地尽矣！"

三

找不着饭碗的知识阶级，其沉沦当然可悯，那么现有着位置的知识阶级，其状况可以乐观了吗？决不！决不！

先试就现在知识阶级的出路从政与教书来说吧。除了法政学校，学校概无做官的科目，知识阶级的从政原是牛头不对马嘴，饥不择食的事。大官当然是无望的，有奥援而最漂亮的够得上秘书或科长，其余的幸而八行书有效，也只好屈就为科员或雇员之类。姑不论"等因"、"准此"工作的无趣味，政潮一动，饭碗亦随之动摇。年前各军政机关的政治部被解散时，几百几千的挂斜皮带的无枪阶级的青年立时风流云散，弄得不凑巧，有的还要枉受嫌疑，不能保其首领呢！教书比较地工作苦些，地位似也安稳些，但实际，教育随政潮而变动，结果这里一年，那里半年，也会使你像孔子似的"席不暇暖"，还有欠薪咧、风潮咧等类的麻烦。其他，如新闻记者，如书肆编辑，表面上虽都是难得的差强人意的职业，实际却极无聊。百元左右的薪水已算了不得，在都会生活中要养活一家很是拮据，结果书肆和报馆也许大赚了钱，而记者编辑先生们却只会一日一日地贫穷下去。

现在中国知识阶级的状况真是惨淡，实业的不发达，政治的不安定，结果各业凋敝，而首当其冲的就是那附随各业靠月薪过活的知识阶级。无职的谋职难，未结婚的求偶难，有子女的子女教育经费难，替子女谋职业难，难啊难啊，难矣哉，知识阶级的人们！

四

凡是一阶级，必有一阶级的阶级意识。知识阶级的阶级意识是什么？这是值得考察的。

有一次，我去赴朋友的招宴。那朋友是研究艺术的，同座的有一位他的亲戚，新由投机事业发财的商人。席间，那朋友与商人有一段对话。

"你发了财了，预备怎么样？"

"我恨得无钱苦，预备从此也享些福。"

"有了钱就可以享福了吗?"

"那自然,可以住好的,着好的,吃好的,要字画,要古董,都可立刻办到。你前次不是叹吴昌硕的画好,可惜买不起吗?"

"我劝你别妄想享福,还是专门去弄钱吧。"

"为什么我不能享福?"

"享福不是容易的事。譬如住,你大概所希望的只是七间三进的大厦吧,那种大厦并不一定好看。"

"那我会请工程师打样,还要布置一个好好的花园哩!"

"工程师所打的样子,究竟好不好,你要判别也不容易。即使那样子在建筑艺术上本是好的,也得有赏鉴能力的才会赏鉴。你方才说起吴昌硕的画,有钱的原可花几十块钱买一幅挂在屋子里。但在无赏鉴能力的人,无从知道他的妙处好处,只知道值几十块钱而已。那岂不是只要在壁上糊几张钞票就好了吗?"

那朋友这番话说得那新发财的商人俯首无言。我在旁听了暗暗称快,为之浮一大白。同时想到这就是知识阶级共通的阶级意识。

"长揖傲公卿","彼以其富,我以我仁,彼以其爵,我以我义"。知识阶级的睥睨富贵,自古已然。这血统直流到现在毫无改变。今日的知识阶级一方面因自己尚未入无产阶级,对于体力劳动者有着优越感,一方面又以自己的知识教养与资本家挑战。"守财奴"、"俗物",是知识阶级用以攻击资本家的标语,"穷措大"、"寒酸",是资本家用以还攻的标语。

五

这"金力"与"知力"的抗争,究竟孰胜孰负呢?在从前,原是胜负互见,而大众的同情却都注意于知力的一方。往昔的传说小说戏剧中,以这抗争作了题材而把胜利归诸知力而诅咒金力者很多。名作如《桃花扇》,通俗本如

《珍珠塔》，都曾把万斛的同情注于知识阶级。

可是现在怎样？

现在是黄金万能的时代了。黄金原是自古高贵的东西，不过在从前物质文明未发达时，生活上的等差不如现今之甚，有钱的住楼房，无钱的住草舍，有钱的夏天摇有画的纸扇，无钱的摇蒲扇，一样有住，一样得凉，虽相差而不甚远，所以穷人还有穷标可发。现在是有钱的住高大洋房，无钱的困水门汀了，有钱的坐汽车兜风，房子里装冷气管，无钱的汗流浃背地拉黄包车，连摇蒲扇的余暇都没有了。有钱者如彼，无钱者如此，见了钱怎不低头呢！知识阶级虽无钱，但尚未堕入无产的体力劳动者队里去，一方恐失足为体力劳动者，一方又妄思借了什么机会一跃而为准资本家，于是辗转挣扎，不得不终年在苦闷之中。他们要顾体面，要保持威严，体力不如劳动者，职业又不如劳动者的易得，真是进退维谷的可怜的动物。

因此知力对金力的争抗，阵容不得不改变了，所谓"士气"已逐渐消失。我那朋友对那新发财的商人的态度，原是知识阶级以知力屈服金力的千古秘传，可是在现在只是无谓的豪语而已。画家的画无论怎样名贵，有购买力的是富人，文学者的作品如不迎合社会一般心理，虽杰出亦徒然。所以在现在，一切知识阶级都已屈服于金力之下，一字不识的军阀可以使人执笔打四六文的电报，胸无半点丘壑的俗物，可以令人布置幽胜的庭园。文士与庭园意匠师，同时亦不得不殉了"金力"的要求，昧了良心把其主张和艺术观改换面目。

现在的理想人物，不是名流，不是学者，是富人。官僚的被尊敬，并不因其是官僚，实因其是未来的富人。知识阶级的上层的所谓博士之类，其所以受社会崇拜，并不因其学问渊博，实因其本是富人（穷人是断不会成博士的），或将来有成富人的希望。如果叫《桃花扇》、《珍珠塔》等的作者在现在再写起作品来，恐亦不会抹杀了事实，作一相情愿的老格套，把美丽的女主人公嫁给名流或穷措大了。不信，但看当世漂亮的小姐们的趋向！

六

知识阶级的地位已堕落至此，他们将何以自救呢？他们"武装起来"了吗？他们的武器是什么？

他们不如资本家的有金力，又不如劳动者的有暴力，他们的武器有二，一是笔，一是口。他们的战略只是宣传。"处士横议"，孟子也曾畏惧他们的战略，秦始皇至于用了全力来对付他们，似乎很是可怕的东西。但当时之所谓士者，性质单纯，不如现今知识阶级分子的复杂。当时的金力也不如今日之有威严。今日的知识阶级，欲其作一致的宣传，是不可能的，一方贴标语呼口号要打倒谁，一方却在反对地贴标语呼口号要拥护谁，正负相消，结果虽不等于零，效用也就无几。并且，知识阶级无论替任何阶级宣传，个人也许得一时的好处，对于其阶级本身往往不但无益而且有损。例如五四以后，知识阶级替劳动者宣传，所谓"劳动运动"者就是。但其实，那不是"劳动运动"，是"运动劳动"。如果有一日劳动者真觉醒了，真正的"劳动运动"实现以后，知识阶级的地位怎样？不消说是愈不堪的。我并不劝人别作劳动运动，利害自利害，事实自事实，无法讳饰的。左倾的宣传得不到好处，那么作右倾的宣传如何？知识阶级已成了金力的奴隶，再作右倾的宣传，金力的暴威将愈咄咄逼来，当然更是不利于其阶级本身的了。

知识阶级有其阶级意识，确是一个阶级，而其战斗力的薄弱实是可惊。他们上层的大概右倾，下层的大概左倾，右倾的不必说，左倾的也无实力。他们决不能与任何阶级反抗，只好献媚于别阶级，把秋波向左送或向右送，以苟延其残喘而已。他们要待其子或孙堕入体力劳动者时才脱离这境界，但到那时，他们的阶级也已早不存在了。

七

如果有人问：知识阶级何以有此厄运？我回答说：这是他们的运命！不但中国如此，全世界都如此。法学士充当警察，是日本所常有的。

友人章克标君新近以其所译莫泊桑的《水上》见赠，其中有一处描写律师或公署的书记的苦况的，摘录数节于下：

> 啊！自由！自由！唯一的幸福，唯一的希望，唯一的梦幻，在一切可怜的存在中，在一切种类的个人中，在一切阶级的劳工中，在为了每日的生活而恶战苦斗的人们之中，这一类人是最可叹了，是最受不了天惠的了。
>
> …………
>
> 他们下过学问上的工夫，他们也懂得些法律，他们也许保有学士的头衔。
>
> 我曾经怎样地切爱过 Jules Vallès 的奉献之词：
>
> "献呈给一切受了拉丁希腊的教养而饿死的人。"
>
> 晓得那些可怜的人们的收入么？每年八百乃至一千五百法郎！
>
> 阴暗的辩护士办公室的佣人，广大的公署中的雇员，啊，你们每朝不得不在那可怕的牢狱之门上，读但丁的名句：
>
> "舍去一切的希望，你们，进来的人啊！"
>
> 第一次进这门的时候，只有二十岁，留在这里，等到六十岁或在以上，这长期间的生活，毫无一点变动，全生涯始终一样，在一只堆满绿色纸夹的桌子、昏暗的桌子边过去了。他们进来是在前程远大的青年时代，出去的时候，老到近于要死了。我们一生中所造作的一切，追忆的材料，意外的事件，欢喜或悲哀的恋爱，冒险的旅行，一切自由生涯中所遭际

的，这一类囚人都不知道的。

这虽是描写书记的，但对于大部分的知识阶级，如学校教师，如新闻记者，如书肆编辑，如官署僚友等，不是也可以照样移赠了吗？

现在或未来的知识阶级诸君啊，珍重！

1928年

导读   这是一篇语言优美的散文作品，让读者理解夏丐尊先生写作的另一种风格与能力。白马湖是著名的春晖中学的所在地，它像康桥、像未名湖一样，是一种象征。

白马湖之冬

    在我过去四十余年的生涯中，冬的情味尝得最深刻的，要算十年前初移居白马湖的时候了。十年以来，白马湖已成了一个小村落，当我移居的时候，还是一片荒野。春晖中学的新建筑巍然矗立于湖的那一面，湖的这一面的山脚下是小小的几间新平屋，住着我和刘君心如两家。此外两三里内没有人烟。一家人于阴历十一月下旬从热闹的杭州移居这荒凉的山野，宛如投身于极带中。

    那里的风，差不多日日有的，呼呼作响，好像虎吼。屋宇虽系新建，构造却极粗率，风从门窗隙缝中来，分外尖削，把门缝窗隙厚厚地用纸糊了，缝中却仍有透入。风刮得厉害的时候，天未夜就把大门关上，全家吃毕夜饭即睡入被窝里，静听寒风的怒号，湖水的澎湃。靠山的小后轩，算是我的书斋，在全屋子中风最小的一间，我常把头上的罗宋帽拉得低低地，在洋灯下工作至夜深。松涛如吼，霜月当窗，饥鼠吱吱在承尘上奔窜。我于这种时候深感到萧瑟的诗趣，常独自拨划着炉灰，不肯就睡，把自己拟诸山水画中的人物，作种种幽邈的遐想。现在白马湖到处是树木了，当时尚一株树木都未种。月亮与太阳都是整个儿的，从上山起直要照到下山为止。太阳好的时候，只要不刮风，那真和暖得不像冬天。一家人都坐在庭岨曝日，甚至于吃午饭也在屋外像夏天的晚饭一样。日光晒到哪里，就把椅凳移到哪里，忽然寒风来了，只好逃难似地各自带了椅凳逃入室中，急急把门关上。在平常的日子，风来大概在下午快要傍晚的时候，半夜即息。至于大风寒，那是整日夜狂吼，要二三日才止的。最芦寒的几天，泥地看去惨白如水门汀，山色冻得发紫而黯，湖波泛深蓝色。

下雪原是我所不憎厌的，下雪的日子，室内分外明亮，晚上差不多不用燃灯。远山积雪足供半个月的观看，举头即可从窗中望见。可是究竟是南方，每冬下雪不过一二次。我在那里所日常领略的冬的情味，几乎都从风来。白马湖的所以多风，可以说有着地理上的原因。那里环湖都是山，而北首却有一个半里阔的空隙，好似故意张了袋口欢迎风来的样子。白马湖的山水和普通的风景地相差不远，唯有风却与别的地方不同。风的多和大，凡是到过那里的人都知道的。风在冬季的感觉中，自古占着重要的因素。而白马湖的风尤其特别。

现在，一家迁居上海多日了，偶然于夜深人静时听到风声，大家就要提起白马湖来，说"白马湖不知今夜又刮得怎样厉害哩！"

1930年

导读　关于学生毕业求职，即便是在民国时期，也是一个老生常谈的话题，而且你会发现夏丏尊在本文中所谈的对于职业选择的分析，与当下的青年人择业并没有什么区别。

关于职业

暑假快到，诸君之中有许多人将在初中或高中毕业了。有钱的不消说正在预备升学，境况不裕的却不得不就此与学校生活告别，各自分头奔向社会中去找寻出路，谋糊口之所。"去干什么好呢?""有没有可干的事呢?"这两个问题恐早已占领着诸君心的全部了吧。

"去干什么好呢?"这是职业的选择问题。"有没有可干的事呢?"这是职业的有无问题。

关于青年的职业，我们平常所听到的有两种议论，想来诸君也曾听到过。

一派人这样说:"职业是神圣的，而且是终身的大事。青年于未就职业以前须考察社会环境，审度自己个性，参酌将来的希望，仔细选择。"

这番议论原不是毫无理由的话，可是按之现今实际，却不免是一种高调。"审度自己个性"，"参酌将来希望"，这种条件在眼前有许多职业可就的人，也许可作参考。现在还是用人尚未公开、私人可以滥用的时代。假如诸君之中有这样的一个幸运儿，父亲居政界要位，叔子是商界首领，母舅是大工厂主，未婚妻家有一个大大的农场，各方面汲引有人，他无论到哪一边去，都不愁跑不进，对于这样的人，第一种高调是值得倾听的。可是在大多数的一般人看来，这番议论只等于空洞的说教，等于一张不能兑现的美丽的支票而已。

又有一派人说："中国困处在帝国主义的资本主义之下，产业落后，国内即有产业，亦被握于帝国主义走狗或资本家之手。无业，失业，都是帝国主义与资本主义的罪恶。我们要有职业，就应该起而革命，赶快打倒帝国主义与资本主义，否则就无法解决职业问题。"这番议论有着事实的根据，当然不能说是不对。可是也是一种高调。革命不是一旦可成就的大事，而且要大多数人都不事生产，以革命为专业，也究不可能。未来是未来，现在是现在，未来的合理的自由社会虽当悬为目标，群策群力地求其实现，现在的生活的十字架却仍无法不负的。

第一派议论偏重于职业的选择，第二派议论偏重于职业的有无，结果都有有方无药的毛病。职业问题的纠纷，实起于这职业的有无与选择两问题的错综。职业的有无原是第一问题，但我们不能说中国人都没有职业。试看种田的在种田，做工的在做工，做店员的在做店员，他们境况虽不甚佳，何尝没有职业？就大体说，职业是有的，可是自诩为士的读过几年书的学生，都不把这种职业放在眼里，他们要选择，愈选择，职业的途径就愈狭小，结果就至走投无路了。

诸君是中学生，除师范部出身的已略受关于小学教师的职业陶冶外，大部分在职业方面尚未有一定的方向。诸君出校门时，社会未曾替诸君留好一定的交椅，为工为农为商都要诸君自己去为，自己去养成。这在诸君是一件困难的事，但也是一件自由的事：困难的是什么职业都外行，要从头学起；自由的是什么职业都可为，并不受一定的限制。犹之婴孩初生，运命未定，前途亦因而无限。

现在让我来平心静气地提出几条可走的方向供诸君参考。据我所见，普通人的职业的来路不外下列几项，诸君所能走的方向当然也不出这几项。一、独立自营，二、从事家业，三、入工商界习业，四、入公私机关作月薪生活。

一、独立自营 如果能够，这是最所希望的，农业也好，商店也好，工业也好，随自己性之所近，于可能范围内以小资本择一经营之。如嫌无专门知识，不妨先作短时间的见习，然后从事。想从事园艺者可先入农场，想从事化学小工艺者可先入化学工厂（此种见习并不以月薪为目的，机会自可较易谋得）。无论国内国外，大实业家大都是由小资本经营发迹的，独往独来地经营一种事业，生杀予夺，权都在我，较之寄人篱下的官吏及事务员，真不知要好若干倍了。

二、从事家业　现在已不是职业世袭的时代，农之子原不必一定为农，工之子原不必一定为工，商之子原不必一定为商，并且时代变迁得很快，祖先传来的家业也许已有不能再维持的。但如果别无职业可就，而家业尚可继续的时候，那么从事家业也未始不是一策。因为是家业的缘故，体质上天然有着遗传的便利，业务上的知识也无须外求，一切工具设备又都是现成的，尽可帮同父兄继续干去。一面再以修得的常识为基础，广求与家业有关的知识，加以改进。如果是农业家，那么去设法图农事的改良，如果是商家，那么去谋销路的扩张。可做的事正多，好好做去，希望很是无穷的。

三、入工商界习业　入工商界习业就是俗语的所谓"学生意"。普通的所谓职业，大都须从"学生意"入门，因为职业上所需要的是熟悉该项职业一切事情的人——即所谓内行人，欲投身于某职业的，当然须从学习入手。入工商界习业须有人介绍与担保，不及前二项的自由，在学习的时候，普通还须受徒弟待遇，但国内真正的工人与商人却都由此产生。普通一店或一厂的领袖人物，最初就是学徒，他们熟悉了该项情形，中途独立自营，自立基业的也很多。

四、入公私机关作月薪生活　这是近代知识分子最普遍的出路，自学校教师，公司银行的职员、工厂的技师，以至官厅的政务人员，都属这一类。到这条路去的人不必自出资本，不必经过学徒生活，但大多数却须有较专门的知识技能。中学毕业生除小学教师外，非有人援引，未必就跑得进。即能勉强挨身进去，也只是书记等类的下级职员而已。

以上四项为一般人可走的职业的方向。"独立自营"与"从事家业"二项，是各走各路，不必你抢我夺，无所谓就职难的。普通的所谓就职难，实在"入工商界习业"与"入公私机关作月薪生活"二项，尤其是"入公私机关作月薪生活"一项。因为入工商界习业，尚是做学徒，收容虽有定额，最初地位较低，竞争不烈，方面也广，只要投身者肯屈就，大概尚不难安排；至于公私机关则为数有限，职员的名额、薪水的总数又有一定，竞争自然利害了。

诸君出校门后投身职业，该向哪一条路跑，原不能一概论定，一条路有一条路的难处，一个人有一个人的志愿，断难代为抉择。不但别人难以代为抉择，恐诸君自己也无法抉择。在现在的情势之下，一切须看条件：要独立自营，至少家里须有小资本；要从事家业，至少家里先要有老业；要入工商界学业，至少在工商界要有能介绍的亲友；要入机关领月薪，也至少要有人援引；此外各门还要有能相适应的特种品性（好品性或坏品性）。不过就大体说，诸君为生活计，总须走一条路，而且事实也非逼迫诸君去走一条路不可。现世尚谈不到机会平等，只好各人走各人的路，"君乘车，我戴笠"，"君担簦，我跨马"，有的乘车，有的戴笠，有的担簦，有的跨马，从前有此不平，现在仍有此不平，无法讳言。

在现今什么都只好碰去看，尤其是职业。今日在职业界吃饭的人，其职业大概都是碰来的。他们有的在某公司办事，有的在某工厂中为事务员，有的在某衙门里做官吏，有的在某处办农场，但我相信他们当初并不曾有此预期，只是因了偶然的机会，经过几次转变，达到现在的地位而已。

但诸君不可误解，把"碰"解作不劳而获的幸运。要碰，先须有碰的资格，没有资格，即有偶然的机会在你眼前，你也无法将它捉住，至少在无权无势要靠能力换饭吃的大众是如此。某商店须用一个管银钱的店员，你如果是没有金钱信用的人，就无资格去碰了；某机关要请一个书记，你如果是文理不通字迹潦草的，就无资格去碰了；某公司要找一个能担任烦剧事务的职员，你如果是身体怯弱的，就无资格去碰了。身体，品性，知识，都是碰的条件。中学校教育原不是教授职业技能的，但在身体的锻炼、品性的陶冶、知识的修养

（这原是普通教育最重要的目的，可惜现在的学校却不一定能够做到）各点上看来，却不能说与职业无关。诸君对于校课如果曾作了正式的学习，不曾马马虎虎地经过，那么即对于以后就职业说，也可以说不曾白花了学费的了。

诸君出校门以后，就利用了在校中锻炼好了的身体，陶冶过的品性，修养来的知识去碰吧。一面还须把身体、品性、知识继续锻炼陶冶修养，以期不失未来的新机会。万一不凑巧一时碰不到职业，请平心反省，是否自己没有碰的资格？倘若自己觉到资格不够，就应该努力补修。如果自问资格无缺，所以碰不到职业完全由于没有机会，也只有再去碰而已。实情如此，有什么别的话可说呢！

1931年

导读 "文学是有力量的。文学的力量由具象、情绪和作者的敏感而来；文学的力量，其性质是感染的，不是强迫的；文学作品对于读者发生力量，要以共鸣作用为条件。"

文学的力量

文学有力量是事实。在几千年前，我们中国就知道拿文学来做移风易俗、改革社会的工具，这用现在的用语来说，就是所谓文艺政策。足见文学的力量，自古就已经大家承认的了。到了现在，因了印刷与交通的进步，识字者的增多，文学的力量愈益加增。我们可以说，文学的力量是非常之大的，只要看《黑奴吁天录》一书使黑奴得到解放，青年人读《少年维特的烦恼》有因而致自杀者，便可以明了。所以文学之有力量已是明白的事实，无须费词。今天所要讲的是以下三点：第一，文学的力量从何而来；第二，文学力量的特点；第三，文学对于读者发生力量需要什么条件。

一、文学的力量从何而来

我以为要讲文学的力量发生，应先讲文学的本身。文学的作品如诗歌小说之类，和"等因奉此"的公文，"天地元黄、宇宙洪荒"的千字文性质不同。文学的特性第一是"具象"。我们平常说话不一定是文学的，但如果用文学的方法来说，便成为文学的了。譬如我们说："日子过得很快。"这句话语不足称为文学。如果我们要使它文学化，第一就应当使其能够使人感觉到，既是使其具象化。于是我们便说："流光容易把人抛，红了樱桃，绿了芭蕉。"这样便成为文学的说法了。为什么？因为后边的一句是具象化的："抛"、"红"、"绿"、"樱桃"、"芭蕉"，都是可用感觉机关来捉摸的事象，比"日子过得很快"的说法有声有色得多。再好像我们听见人家说某某地方打仗，死了很多人。这句话当然使我们感动，但若我们果然亲身到了那个地方，眼睛看见累累的尸身，狰狞可怖，那我们所得的印象一定更深了。可见愈具象的事情愈能使人感动。文学的力量也是同样发生的。通常说，中国人胆子小、爱面子、爱虚荣，因为有了这些劣根性，于是中国人到处吃亏。但是只讲我们中国人有这些不良的品性，我们听了感动甚少。经鲁迅在《阿Q正传》中，假了名叫阿Q的一个人，加以一番具体的描写，便深刻多了。

文学的力量是从"具象"来的，不具象就没有力量。

文学的特性，第二是情绪的。这情绪也是使文学有力的一个条件。大凡告诉人家一件事情使他去做，有好几种的方法，或是用知识，或是诉之于情感。知识能够使人知道"如此这般"，但是很不容易使人实行。如果用情感就不同了。我们用情感使人做一件事，若是能使对方动情，对方自然便去做了。所谓"情不自禁"者，就是指这现象的话。文学的作品并不告诉人家如何如何，只把客观的事实具象的写下来，使人自己对之发生一种情绪，取得其预期的效果。

以上是讲文学本身发生力量的缘由。次之，文学的力量还可以从文学作者发生。文学作者的敏感，也是使文学有力量的原因。所谓文学作者，便是那些感情和观察力比较常人来得敏捷的写作的人：普通人看不见的，他们能够看见；普通人感觉不到的，他们感觉得到；普通人想不到的，他们也想得到。因为文学作者对于社会、对于事物的观感，比常人特别强，所以社会有变动时，先觉者往往是文学作者。世间事件所含奥秘，一般人往往不能见到，经文学作者提醒以后，方才注意及之。譬如讲到妇女解放问题，最初发动的是文学作者易卜生，他的名剧《娜拉》便是妇女解放的先声。美洲的黑奴解放，普通人都归功于《黑奴吁天录》一书。因为人生很微细的地方，文学作者都能看得到，因而把他的敏感观察得到的东西发为创作，自然会使人佩服，对读者有力量了。

所以，文学的力量的来源，可以分作两部分，第一从文学本质而来的，由于具象，由于情绪；第二是从文学作者方面来的，便是由于作者的敏感。

二、文学力量的特点

文学的力量是感染的力量，不是教训。教训的力量是带有强迫性的，文学的力量是没有强迫性的，是自由的。近来常有一种作品，带着浓厚的教训性，露骨地显露着某种的教训。这些作品往往缺乏具象与真实的情绪，与其说是文学作品，不如说是口号的改装。口号是一种号令，具有强烈的强迫性，真正的文学的力量，性质决非如此。文学并非全没教训，但是文学所含的教训乃系诉之于情感。文学对于世界，显然是负有使命的。文学之收教训的结果，所赖的不是强制力，而是感染力。良师对于子弟，益友对于知己，当施行教训的时候，常极力避用教训的方式，而用感化的方法，结果往往得到更大的功效。文学的力量亦正如此。

三、文学对读者发生力量的条件

文学的力量是不普遍的。文学需要着读者，某作家作了一本小说，如果国内读的人有了一万万，这一万万人也许都受了这本小说的感动，而还有三万万人没读这本小说的，是无法直接感动的。并且，一种文学作品并非对于任何读者都能发生效力。文学作品要对于读者发生效力，其主要条件是作者和读者之间的"共鸣"。作品对于读者有共鸣作用的便有力量，没有共鸣作用便无力量。这共鸣作用因空间时间而不同，因人的思想环境有别而各异。譬如讲失恋故事的作品，在我这个未曾尝过恋爱滋味的人读了，是不甚会发生共鸣的；西洋小说里面讲基督教的部分，在不懂基督教的人看来是不会发生兴趣的。一个作品里所表现的东西常有一般的与特殊的两种，大概描写一般的人性的东西，容易使多数人感动，对多数人发生有力量；至于叙写特殊的境遇的东西，如孤儿的悲哀、失恋的痛苦之类的东西，非孤儿和未曾尝过恋爱的滋味的人看了，感动要比较少。《红楼梦》是一部著名的小说，写林黛玉有许多动人的地方，但是这书在一百年前的闺秀眼中，和在现今的"摩登"小姐眼中，情形便不一样，她们的感受一定不大相同。某种作品有某种读者，《啼笑因缘》的读者和《阿Q正传》的读者，根本上是不同的人。

把上面的话归纳起来，就是：文学是有力量的。文学的力量由具象、情绪和作者的敏感而来；文学的力量，其性质是感染的，不是强迫的；文学作品对于读者发生力量，要以共鸣作用为条件。

1933年

导读　本文是夏丏尊为他所译的《爱的教育》所写的序言，介绍了译者翻译本书的背景，以及书名的由来等信息。

《爱的教育》译者序言

这书给我以卢梭《爱弥尔》、裴斯泰洛齐《醉人之妻》以上的感动。我在四年前始得此书的日译本，记得曾流了泪，三日夜读毕，就是后来在翻译或随便阅读时，还深深地感到刺激，不觉眼睛润湿。这不是悲哀的眼泪，乃是惭愧和感激的眼泪。除了人的资格以外，我在家中早已是二子二女的父亲，在教育界是执过十余年教鞭的教师。平日为人为父为师的态度，读了这书好像丑女见了美人，自己难堪起来，不觉惭愧了流泪。书中叙述亲子之爱，师生之情，朋友之谊，乡国之感，社会之同情，都已近于理想的世界，虽是幻影，使人读了觉到理想世界的情味，以为世间要如此才好。于是不觉就感激了流泪。

这书一般被认为是有名的儿童读物，但我以为不但儿童应读，实可作为普通的读物。特别地应介绍给与儿童有直接关系的父母、教师们，叫大家流些惭愧或感激之泪。

学校教育到了现在，真空虚极了。单从外形的制度上、方法上，走马灯似的更变迎合，而于教育的生命的某物，从未闻有人培养顾及。好像掘池，有人说四方形好，有人又说圆形好，朝三暮四地改个不休，而于池的所以为池的要素的水，反无人注意。教育上的水是甚么？就是情，就是爱。教育没有了情爱，就成了无水的池，任你四方形也罢，圆形也罢，总逃不了一个空虚。

因了这种种，早想把这书翻译。多忙的结果，延至去年夏季，正想鼓兴开译，不幸我唯一的妹因难产亡了。于是心灰意懒地就仍然延搁起来。既而，心念一转。发了为纪念亡妹而译这书的决心，这才偷闲执笔。在《东方杂志》连载，中途因忙和病，又中断了几次。等全稿告成，已在亡妹周忌后了。

这书原名《考莱》(Coure)，在意大利原语是"心"的意思。原书在一九〇四年已三百版，各国大概都有译本，书名却不一致。我所有的是日译本和英译本，英译本虽仍作《考莱》，下又标《一个意大利小学生的日记》几字，日译本改称《爱的学校》（日译本曾见两种，一种名《真心》，忘其译者，我所有的是三浦修吾氏译，名《爱的学校》的）。如用《考莱》原名，在我国不能表出内容，《一个意大利小学生的日记》，似不及《爱的学校》来得简单。但因书中所叙述的不但学校，连社会及家庭的情形都有，所以又以己意改名《爱的教育》。这书原是描写情育的，原想用《感情教育》作书名，后来恐与法国佛罗贝尔的小说《感情教育》混同，就弃置了。

译文虽曾对照日英二种译本，勉求忠实，但以儿童读物而论，殊愧未能流利生动，很有须加以推敲的地方。可是遗憾得很，在我现在实已无此功夫和能力，此次重排为单行本时，除草草重读一过，把初刷误植随处改正外，只好静待读者批评了。

《东方杂志》记者胡愈之君，关于本书的出版，曾给与不少的助力；邻人刘薰宇君，朱佩弦君，是本书最初的读者，每期稿成即来阅读，为尽校正之劳；封面及插画，是邻人丰子恺君的手笔。都足使我不忘。

1924年

┃导读┃ 　　《爱的教育》是意大利作家亚米契斯的作品，是世界文学史上经久不衰的儿童文学名著，夏丏尊先生较早地意识到了这本书的价值，并将它翻译出来，影响了几代中国读者。因篇幅所限，本书节选《爱的教育》一书的前几卷。

《爱的教育》译文（节选）

第一卷　十月

始业日（十七日）

今天开学了，乡间的三个月，梦也似的过去，又回到了这丘林的学校里来了。早晨母亲送我到学校里去的时候，心还一味只想着在乡间的情形哩。不论那一条街道，都充满着学校的学生们；书店的门口呢，学生的父兄们都拥挤着在那里购买笔记簿、书袋等类的东西；校役和警察都拼命似的想把路排开。到了校门口，觉得有人触动我的肩膀，原来这就是我三年级时候的先生，是一位头发赤而卷缩、面貌快活的先生。先生看着我的脸孔说：

"我们不再在一处了！安利柯！"

这原是我早已知道的事，今被先生这么一说，不觉重新难过起来了。我们好容易地到了里面，许多夫人、绅士、普通妇人、职工、官吏、女僧侣、男佣人、女佣人，都一手拉了小儿，一手抱了成绩簿，在接待所楼梯旁挤满着，嘈杂得如同戏馆里一样。我重新看这大大的待息所的房子，非常欢喜，因为我这三年来，每月到教室去，都穿过这室的。我的二年级时候的女先生见了我：

"安利柯！你现在要到楼上去了！要不走过我的教室了！"

说着，恋恋地看我。校长先生被妇人们围绕着，头发好像比以前白了。学生们也比夏天的时候长大强壮了许多。才来入一年级的小孩们，不愿到教室里去，像驴马似的倔强着，勉强拉了进去，有的仍旧逃出，有的因为找不着父母，哭了起来。做父母的回了进去，有的诱骗，有的叱骂，先生们也弄得没有法子了。

我的弟弟被编在名叫代尔卡谛的女先生所教的一组里。午前十时，大家进了教室，我们的一级共五十五人。从三年级一同升上来的只不过十五六人。经常得一等奖的代洛西也在里面。一想起暑假中跑来跑去游过的山林，觉得学校里闷得讨厌。又忆起三年级时候的先生来：那是常常对我们笑着的好先生，是和我们差不多大的先生。那个先生的红而缩拢的头发，已不能看见了，一想到此，就有点难过。这次的先生，身材高长，没有胡须，长长地留着花白的头发，额上绉着直纹，说话大声，他盯着眼一个一个地看我们的时候，眼光竟像要透到我们心里似的。而且还是一位没有笑容的先生。我想：

"唉！一天总算过去了，还有九个月呢！什么用功，什么月试，多么讨厌啊！"

一出教室，恨不得就看见母亲，飞跑到母亲面前去吻她的手。母亲说：

"安利柯啊！要用心啰！我也和你们一起用功呢！"

我高高兴兴地回家了。可是因为那位亲爱快活的先生已不在，学校也不如以前的有趣味了。

我们的先生（十八日）

从今天起，现在的先生也可爱起来了。我们进教室去的时候，先生已在位上坐着。先生前学年教过的学生们，都从门口探进头来和先生招呼。"先生早安！""配巴尼先生早安！"大家这样说着。其中也有走进教室来和先生匆忙地握了手就出去的。这可知大家都爱慕这先生，今年也想仍请他教的了。先生也说着"早安！"去拉学生所伸着的手，却是不去看学生的脸孔。和他们招呼的时候，虽也现出笑容，额上直纹一蹙，脸孔就板起来，并且把脸对着窗外，注视着对面的屋顶，好像他和学生们招呼是很苦的。完了以后，先生又把我们一一地注视，叫我们默写，自己下了讲台在桌位间巡回。看见有一个面上生着红粒的学生，就把默写中止，两手托了他的头查看，又把手去摸他的额，问他有没有发热。这时先生后面有一个学生乘着先生不看见，跳上椅子玩起洋娃娃来，恰好先生回过头去，那学生就急忙坐下，俯了头预备受责，先生把手按在他的头上，只是说："下次不要再做这种事了！"另外一点没有什么。

默写完了以后，先生又沉默了看看我们，好一会儿，用了静而粗大的亲切的声音这样说：

"大家听着！我们从此要同处一年，让我们好好地过这一年吧！大家要用功，要规矩。我没有一个家属，你们就是我的家属，去年以前，我还有母亲，母亲死了以后，我只有一个人了！你们以外，我没有别的家属在世界上，除了你们，我没有可爱的人！你们是我的儿子，我爱你们，请你们也欢喜我！我一个都不愿责罚你们，请将你们的真心给我看看！请你们全班成为一个家族，给我做慰藉，给我做荣耀！我现在并不是想你们用口来答应我，我确已知道你们已在心里答应我，'肯的'了。我感谢你们。"

这时校役来通知放学，我们都很静很静地离开座位。那个跳上椅子的学生，走到先生的身旁，颤抖抖地说："先生！饶恕我这次！"先生用嘴去亲着他的额说："快回去！好孩子！"

灾难（二十一日）

本学年开始就发生了意外的事情。今天早晨到学校去，我和父亲正谈着先生所说的话。忽然见路上人满了，都奔入校门去。父亲就说：

"有了什么意外的事情了！学年才开始，真不凑巧！"

好容易，我们进了学校，人满了，大大的房子里充满着儿童和家属。听见他们说："可怜啊！洛佩谛！"从人山人海中，警察的帽子看见了，校长先生的光秃秃的头也看见了。接着又走进来了一个戴着高冠的绅士，大家说"医生来了！"父亲问一个先生："究竟怎么了？"先生回答说："被车子轧伤了！""脚骨碎了！"又一个先生说。原来：名叫洛佩谛的一个二年级的学生，上学来的时候，有一个一年级的小学生，忽然离开了母亲的手，在街路上倒了。这时，街车正往他倒下的地方驶来。洛佩谛眼见这小孩将为车子所轧，大胆地跳了过去，把他拖救出来。不料因为来不及拖出自己的脚，反被车子轧伤了自己。洛佩谛是个炮兵大尉的儿子。正在听他们叙述这些话的时候，突然有一个妇人狂也似的奔到，从人堆里挣扎着进来，这就是洛佩谛的母亲。同时另外一个妇人跑进去，抱了洛佩谛的母亲的头颈啜泣。这就是被救出的小孩的母亲。两个妇人向室内跑去，我们在外边可以听到她们"啊！洛佩谛呀！我的孩子呀！"的哭叫声。

立刻，有一辆马车停在校门口了。校长先生也就抱了洛佩谛出来。洛佩谛把头伏在校长先生肩上，脸色苍白，眼睛闭着。大家都静默了，洛佩谛母亲的哭声也听得出了。不一会儿，校长先生将抱在手里的受伤者给大家看，父兄们、学生们、先生们都齐声说："洛佩谛！好勇敢！可怜的孩子！"靠近点的先生和学生们，更去吻洛佩谛的手。这时洛佩谛睁开了他的眼说："我的书包呢？"被救的孩子的母亲拿书包给他看，流着泪说："让我拿着吧，让我替你拿了去吧。"洛佩谛的母亲脸上现出微笑了。这许多人出了门，很小心地把洛佩谛载入马车，马车就慢慢地开动，我们都默默地走进教室里去。

格拉勃利亚的小孩（二十二日）

洛佩谛到底做了非拄了杖不能行走的人了。昨日午后，先生正在说这消息给我们听的时候，校长先生忽然领了一个陌生的小孩到教室里来。那是一个黑色、浓发、大眼而眉毛浓黑的小孩。校长先生将这小孩交给先生，低声地说了一二句什么话就出去了。小孩用他黑而大的眼，看着室中的一切。先生携了他的手向我们说：

"你们大家应该喜欢。今天有一个从五百里以外的格拉勃利亚的莱奇阿地方来的意大利小孩进了这学校了。因为是远道来的，请你们要特别爱这同胞。他的故乡是名所，是意大利名人的产生地，又是产生强健的劳动者和勇敢的军人的地方，也是我国风景名地之一。那里也有森林，也有山岳，居民都富于才能和勇气。请你们亲爱地对待这小孩，使他忘记自己是离了故乡的，使他知道在意大利无论到什么地方的学校里去，都是同胞。"

先生说着，在意大利地图上指着格拉勃利亚的莱奇阿的位置给我们看。又用了大声叫："尔耐斯托·代洛西！"——他是每次都得一等奖的学生——代洛西起立了。

"到这里来！"先生说着，代洛西就离了座位走近格拉勃利亚小孩面前。

"你是级长，请对这新学友致欢迎辞！请代表臂特蒙脱的小孩，表示欢迎格拉勃利亚的小孩！"

代洛西听见先生这样说，就抱了那小孩的头颈，用了明亮的声音说："来得很好！"格拉勃利亚小孩也热烈地吻代洛西的颊。我们都拍手喝彩了。先生虽然说："静些静些！在教室里拍手是不可以的！"而自己也很喜欢。格拉勃利亚小孩也喜欢。一等到先生指定了座位，那个小孩就归座了。先生又说：

"请你们好好记着我方才的话。格拉勃利亚的小孩到了丘林，要同住在自己家里一样。丘林的小孩到了格拉勃利亚，也应该毫不觉得寂寞。实对你们说，我国为此，曾战争了五十年。有三万的同胞，为此战死。所以你们大家要互相敬爱，如果有因为他不是本地人，对于这新学友无礼的，那就是没有资格来见我们的三色旗的人！"

格拉勃利亚小孩回到座位，和他邻席的学生们，有送他钢笔的，有送他画片的，又有送他瑞士的邮票的。

同窗朋友（二十五日）

送邮票给格拉勃利亚小孩的，就是我所最喜欢的卡隆。他在同级中身躯最高大，年十四岁，是个大头宽肩笑起来很可爱的小孩，却已有大人气。我已把同窗的友人认识了许多了，有一个名叫可莱谛的我也欢喜。他着了茶色的裤子，戴了猫皮的帽，常说着有趣的话。父亲是开柴店的，一八六六年，曾在温培尔脱亲王部下打过仗，据说还拿着三个勋章呢。有个名叫耐利的，可怜是个驼背，身体怯弱，脸色常是青青的。还有一个名叫华梯尼的，他时常穿着漂亮的衣服。在我的前面，有一个小孩绰号叫做"小石匠"的，那是石匠的儿子，脸孔圆圆的像苹果，鼻头像个小球，惯能装兔的脸孔，时常装了引人笑。他虽戴着破絮样的褴褛的帽，却常常将帽像手帕似的卷叠了藏在袋里。坐在"小石匠"的旁边的是一个叫做卡洛斐的瘦长、老鹰鼻、眼睛特别小的孩子。他常常把钢笔、火柴空盒等拿来买卖，把字写在手指甲上，做种种狡猾的事。还有一个名叫卡罗·诺琵斯的傲慢的少年绅士。这人的两旁，有两个小孩，我认为很好的。一个是铁匠的儿子，穿了齐膝的上衣，脸色苍白得好像病人，对于什么都胆怯，永远没有笑容。一个是赤发的小孩，一只手有了残疾，挂牢在项颈里。听说，他的父亲到亚美利加去了，母亲走来走去卖着野菜呢。靠我的左边，还有一个奇怪的小孩，他名叫斯带地，身材短而肥，项颈好像没有的一样。他是个暴躁的小孩，不和人讲话。好像是什么都不知道的，可是，先生的话，他总目不转睛地蹙了眉头、紧闭了嘴听着。先生说话的时候，如果有人说话，第二次他还忍耐着，一到第三次，他就要愤怒起来用脚来踢了。坐在他的旁边的，是一个毫不知顾忌的有着狡猾相的小孩，他名叫勿兰谛，听说曾经在别校被除了名的。此外，还有一对很相像的兄弟，穿着一样的衣服，戴着一样的帽子。这许多同学之中，相貌最好，最有才能的，不消说要算代洛西了。今年大概还是要他得第一名的。但是我却爱铁匠的儿子，那像病人的泼来可西。据说，他父亲是要打他的，他非常老实，在和人说话的时候，或偶然触犯着别人的时候，他一定要说"对不住"，他常用了亲切而悲哀的眼光看人。至于最长大的和品格最高的，却是卡隆。

义侠的行为（二十六日）

卡隆的为人，我看了今日的事情就明白了。今日我因为二年级时候的女先生来问我何时在家，到校稍迟，入了教室，先生还未来。一看，有三四个小孩聚在一处正在戏弄着那赤发的一手有残疾的卖野菜人家的孩子克洛西。有的用三角板打他，有的把栗子壳向他的头上投掷，说他是"残废者"，是"鬼怪"，还将手挂在项颈上来装他的样子给他看。克洛西一个人坐在位子里苍白了脸，用了好像要说："饶了我吧！"似的眼光，看着他们。他们见克洛西这样，越加得了风头，越加戏弄他，克洛西终于怒了，涨红了脸，身子颤抖着。这时那个脸孔很讨厌的勿兰谛，忽然跳上椅子，装出克洛西的母亲挑菜担的样子来了。克洛西的母亲，因为接克洛西回去，平日时常到学校里来的，现在听说正病在床上。许多学生都曾知道克洛西的母亲的，看了勿兰谛所装的样子，大家笑了起来。克洛西大怒，突然将摆在那里的墨水瓶对准了勿兰谛掷去。勿兰谛很敏捷地避过，墨水瓶恰巧打着了从门外进来的先生的胸部上。

大家都逃到座位里，怕得不作一声，先生变了脸色，走到教桌的旁边，用了严厉的声音问："谁？"一个人都没有回答。先生又提高了声音说："谁？"

这时，卡隆好像可怜了克洛西，忽然起立，用了很大的决心说："是我！"先生眼盯着卡隆，又转看正呆着的学生们，静静地说："不是你。"

过了一会儿，又说："决不加罚，投掷者起立！"

克洛西起立了，哭着说："他们打我，欺侮我，我气昏了，不知不觉就把墨水瓶投过去了。"

"好的！那末，欺侮他的人起立！"先生说了，四个学生起立了，把头俯着。

"你们欺侮了无辜的人了！你们欺侮了不幸的小孩，欺侮弱者了！你们做了最无谓、最可耻的事了！卑怯的东西！"

先生说着，走到卡隆的旁边，将手摆在他的腮下，托起他俯下着的头来，注视着他的眼说："你的精神是高尚的！"

卡隆附拢了先生的耳，不知说些什么，先生突然向着四个犯罪者说："我饶恕你们。"

我的女先生（二十七日）

我二年级时候的女先生，准了约期，今日到家里来访我了。先生不到我家已一年，我们很高兴地招待她。先生的帽子旁仍旧罩着绿色的面纱，衣服极朴素，头发也不修饰，她原是没有工夫来打扮这些的。她比去年似乎脸上的红彩薄了好些，头发也白了些，时时咳嗽着。母亲问她：

"那末，你的健康怎样？先生！你如果不再顾着你的身体……"

"一点都没有什么。"先生回答说，带着又喜悦又像忧愁的笑容。

"先生太高声讲话了，为了小孩们太操劳自己的身体了。"母亲又说。

真的，先生的声音，听不清楚的时候是没有的。我还记得：先生讲话，总是连续着一息不停，弄得我们学生连看旁边的工夫都没有了。先生不会忘记自己所教过的学生，无论在几年以前，只要是她教过的总还记得起姓名。听说，每逢月考，她都要到校长先生那里，去询问他们的成绩的。有时又站在学校门口，等学生来了就叫他拿出作文簿给她看，调查他进步得怎样了。已经入了中学校的学生，也常常着了长裤子，带了挂表，去访问先生。今天，先生是领了本级的学生去看绘画展览会，回去的时候，转到我们这里来的。我们在先生那班的时候，每逢星期二，先生常领我们到博物馆去，说明种种的东西给我们听。先生比那时已衰弱了许多了，可是仍非常起劲，遇到学校的事情，就很快活地讲话。二年前，我大病了在床上卧着，先生曾来望我过，先生今日还说要看看我那时所睡的床，这床其实已归我的姊姊睡了的。先生看了一会儿，也没有说什么。先生因为还要去望一个学生的病，不能久留。听说是个马鞍匠的儿子，发着麻疹卧在家里呢。她又挟着今晚非批改不可的课本，据说，晚饭以前，某商店的女主人还要到她那里来学习算术的。

"啊！安利柯！"先生临走的时候，向着我说，"你到了能解难题、作长文章的时候，仍肯爱你以前的女先生吗？"说着，吻我。等到出了门，还在阶沿下再扬了声说："请你不要忘了我！安利柯啊！"

啊！亲爱的先生！我怎能忘记你呢？我虽成了大人，也一定还记得先生，到校里来拜望你。无论到了何处，只要一听到女教师的声音，就要如同听见先生你的声音一样，想起先生教我的二年间的事情来。啊啊！那二年里面，我由于先生的教导学会了多少的事！那时先生虽有病，身体不健，可是无论何时，都热心地爱护我们，教导我们的。我们书法上有了恶癖，她就很担心。考试委员质问我们的时候，她担心得几乎坐立不安。我们写得清楚的时候，她就真心欢喜。她一向像母亲那样地爱我。这样的好先生，叫我怎样能忘记啊！

贫民窟（二十八日）

昨日午后，我和母亲、雪尔维姊姊三人，送布给新闻上所记载的穷妇人。我拿了布，姊姊拿了写着那妇人住址姓名的条子。我们到了一处很高的住宅的屋顶小阁里，那里有长的走廊，沿廊有许多室，母亲到最末了的一室敲了门。门开了，走出一个年纪还轻，白色而瘦小的妇人来。是一向时常看见的妇人，头上常常包着青布。

"你就是新闻上所说的那位吗?"母亲问。

"呃，是的。"

"那么，有点布在这里，请你收了。"

那妇人非常欢喜，好像说不出答谢的话来。这时我瞥见有一个小孩，在那没有家具的暗腾腾的小室里，背向了外，靠着椅子好像在写字。仔细一看，确是在那里写字，椅子上摊着纸，墨水瓶摆在地板上。我想，这样黑暗的屋子里，如何能写字呢。忽然看见那小孩长着赤发，穿着破的上衣，才恍然悟到：原来这就是那卖菜人家的儿子克洛西，就是那一只手有残疾的克洛西。乘他母亲正收拾东西的时候，我轻轻地将这告诉了母亲。

"不要作声!"母亲说，"如果他觉到自己的母亲，受朋友的布施，多少难为情呢。不要作声!"

可是，恰巧这时克洛西回过头来了。我不知要怎样才好，克洛西对着我微笑。母亲背地里向我背后一推，我就进去抱住克洛西，克洛西立起来握我的手。

克洛西的母亲对我母亲说：

"我只是娘儿两个。丈夫这七年来一直在亚美利加，我又生了病。不能再挑了菜去卖，什么桌子等类的东西都已卖尽，弄得这孩子读书都为难，要点盏小小的灯也不能够，眼睛也要有病了。幸而教科书、笔记簿有市公所送给，总算勉强地得进了学校。可怜！他到学校去是很欢喜的，但是……像我这样的不幸的人，是再没有的了！"

母亲把钱包中所有的钱都拿出来给了她，吻了克洛西，出来几乎哭了。于是对我说：

"安利柯啊！你看那个可爱的孩子！他不是很刻苦地用着功吗？像你，是什么都自由的，还说用功苦呢！啊！真的！那孩子一日的勤勉，比你一年的勤勉，价值不知要大多少呢！像那小孩，总是应该受一等奖的哩！"

学校（二十八日）

爱儿安利柯啊！你用功怕难起来了，像你母亲所说的样子。我还未曾看到你有高高兴兴勇敢地到学校里去的样子过。但是我告诉你：如果你不到学校里去，你每日要怎样地乏味，怎样地疲倦啊！只要这样过了一星期，你必定要合了手来恳求把你再送入学校里去吧！因为游嬉虽好，每日游嬉就要厌倦的。

现在的世界上，无论何人，没有一个不学习的。你想！职工们劳动了一日，夜里不是还要到学校里去吗？街上店里的妇人们、姑娘们劳动了一星期，星期日不是还要到学校里去吗？兵士们在白天做了一天的勤务，回到营里不是还要读书吗？就是瞎子和哑子，也在那里学习种种的事情。监狱里的囚犯，不是也同样地在那里学习读书写字等的功课吗？

每天早晨上学去的时候，你要这样想想：此刻，这个市内，有和我同样的三万个小孩都正在上学去。又，同在这时候，世界各国有几千万的小孩也正在上学去。有的正三五成群地经过着清静的田野；有的正行走在热闹的街道；也有的沿了河或湖在那里走着的吧。在猛烈的太阳下走着的也有，在寒雾蓬勃的河上驶着短艇的也有吧。从雪上乘了橇走的，渡溪的，爬山的，穿过了森林，渡过了急流，踯躅行着冷静的山路的，骑了马在莽莽的原野跑着的也有吧。也有一个人走着的，也有两个人并肩走的，也有成了群排了队走着的。穿着各种的服装，说着各样的语言，从被冰锁住的俄罗斯以至椰子树深深的阿拉伯，不是有几千万数都数不清楚的小孩，都挟了书，学着同样的事情，同样地在学校里上学吗？你想想这无数小孩所组成的团体！又想想这大团体怎样在那里作大运动！你再试想：如果这运动一终止，人类就会退回到野蛮的状态了吧。这运动才是世界的进步，才是希望，才是光荣。要奋发啊！你就是这大军队的兵士，你的书本是武器，你的一级是一分队，全世界是战场，胜利就是人类的文明，安利柯啊！不要做卑怯的兵士啊！

——父亲

少年爱国者（每月例话）（二十九日）

做卑怯的兵士吗？决不做！可是，先生如果每日把像今日那种有趣的话讲给我们听，我还要更加欢喜这学校呢。先生说，以后每月要讲一次像今天这样的高尚的少年故事给我们听，并且叫我们笔记下来。下面就是今天所讲的《少年爱国者》的故事：

一只法兰西轮船从西班牙的巴赛罗那开到意大利的热那亚来。船里乘客有法兰西人、意大利人、西班牙人，还有瑞士人。其中有个十一岁的少年，服装褴褛，远离了人们，像只野兽似的用白眼把人家看着。他所以用这种眼色看人，也不是无因。原来他是于二年前被他在乡间种田的父母，卖给戏法班了的，戏法班里的人打他，踢他，叫他受饿，强迫他学会把戏，带了他到法兰西、西班牙一带跑，一味虐待，连食物都不十分供给他。这戏法班到了巴赛罗那的时候，他因为受不住虐待与饥饿，终于逃出，到意大利领事馆去请求保护。领事很可怜他，叫他乘入这只船里，并且给他一封到热那亚的出纳官那里去的介绍信，意思是要送他回到残忍的父母那里去。少年遍体受伤，非常衰弱，因为是住着二等舱的，人们都以为奇怪，大家对着他看。有人和他讲话，他也不回答，好像是把一切的人都憎恶了的。他的心已变歪到这地步了。

有三个乘客种种地探问他，他才开了口。他用了在意大利语中夹杂法兰西语和西班牙语的乱杂的言语，大略地把自己的经历讲了。这三个乘客虽不是意大利人，却也听懂了他的话，于是就一半因为怜悯，一半因为吃酒以后的高兴，给他少许的金钱，一面仍继续着和他谈话。这时有大批的妇人，也正从舱室走出，来到这里，她们听了少年的话，也就故意要人看见似的拿出若干的钱来掷在桌上，说："这给了你！这也拿了去！"

少年低声答谢了，把钱收入袋里，苦郁的脸上到这时才现出喜欢的笑容。他回到自己的床位里，拉拢了床幕，卧了静静地自己沉思：有了这些钱，可以在船里买点好吃的东西，饱一饱二年来饥饿的肚子；到了热那亚，可以买件上衣换上，又拿了钱回家，比空手回去也总可以多少好见于父母，多少可以得着像人的待遇。在他，这金钱竟是一注财产。他在床上正沉思得高兴，这时那三个旅客围坐在二等舱的食桌边，在那里谈论着。他们一面饮酒，一面谈着旅行中所经过的地方的情形。谈到意大利的时候，一个说意大利的旅馆不好，一个攻击火车。酒渐渐喝多了，他们的谈论也就渐渐地露骨了。一个说，如其到意大利，还是到北极去好。意大利住着的都是骗子、土匪。后来又说意大利的官吏是不识字的。

"愚笨的国民！"一个说。"下等的国民！"另一个说。"强盗……"

还有一个正在说出"强盗"的时候，忽然银币、铜币像雹子一般落到他们的头上和肩上，同时在桌上地板上滚着，发出可怕的声音来。三个旅客愤怒了举头看时，一把铜币又被飞掷到脸上来了。

"拿回去！"少年从床幕里探出头来怒叫。"我不要那说我国坏话的人的东西。"

第二卷　十一月

烟囱扫除人（十一月一日）

昨天午后，到近地一个女子小学校里去。因为雪尔维姊姊的先生说要看《少年爱国者》的故事，所以就拿了去给她看。那学校有七百人光景的女小孩，我去的时候正是放课，学生们因为从明天起接连有"万圣节"、"万灵节"两个节日，正在欢喜高兴地回去。我在那里看见一件很美的事：在学校那一边的街路角里，立着一个脸孔墨黑的烟囱扫除人。他还是个小孩，一手靠着了壁，一手托着头，在那里啜泣。有二三个三年级女学生走近去问他："怎么了？为什么这样哭？"但是他总不回答，仍旧哭着。

"来！快告诉我们，怎么了？为什么哭的？"女孩子再问他，他才渐渐地抬起头来。那是一个像小孩似的脸孔，哭着告诉她们，说扫除了好几处烟囱，得着三十个铜币，不知在什么时候从口袋的破洞里漏出了。说着又指破洞给她们看。他说，如果没有这钱是不能回去的。

"师傅要打的！"他这样说着仍旧哭了起来。又把头俯伏在臂上，像是很为难的样子。女学生们围住了看着他，正在代他可怜，这时其余的女学生也挟了书包来了。有一个帽子上插着青羽的大女孩从袋里拿出两个铜币来说：

"我只有两个，再凑凑就好了。""我也有两个在这里。"一个着红衣的接着说。"大家凑起来，三十个左右是一定有的。"又叫其余的同学们："亚马里亚！璐迦！亚尼那！一个铜币，你们那个有钱吗？请拿出来！"

果然，有许多人是为买花或笔记本都带着钱的，大家都拿出来了。小女孩也有拿出一个半分的小铜币的。插青羽的女孩将钱集拢了大声地数：

八个，十个，十五个，但是还不够。这时，恰巧来了一个像先生一样的大女孩，拿出一个当十银币来，大家都高兴了。还不够五个。

"五年级的来了！她们一定有的。"一个说。五年级的女孩一到，铜币立刻集起许多了。大家还都急急地向这里跑来。一个可怜的烟囱扫除人，被围住了立在美丽的衣服、随风摇动的帽羽、发丝带、卷毛之中，那样子真是好看。三十个铜币不但早已集齐，而且还多出了许多了。没有带钱的小女孩，挤入大女孩的群中将花束赠给少年作代替。这时，忽然校役出来，说："校长先生来了！"那女学生们就麻雀般的四方走散，烟囱扫除人独自立在街路中，欢喜地拭着眼泪，手里装满了钱，上衣的纽孔里、衣袋里、帽子里都装满了花，还有许多花在他的脚边散布着。

万灵节（二日）

安利柯啊！你晓得万灵节是什么日子吗？这是祭从前死去的人的日子。小孩在这天，应该纪念已死的人，——特别应纪念为小孩而死的人。从前死过的人有多少？即如今天，又有多少人正在将死？你曾把这想到过吗？不知道有多少做父亲的在劳苦之中失去了生命呢！不知道有多少做母亲的为了养育小孩，辛苦伤身，非命地早入坟墓呢！因不忍见自己的小孩陷于不幸，绝望了自杀的男子，不知有多少！因失去了自己的小孩，投水悲痛，发狂而死的女人，不知道有多少！安利柯啊！你今天应该想想这许多死去的人啊！你要想想：有许多先生因为太爱学生，在学校里劳作过度，年纪未老，就别了学生们而死的！你要想想：有许多医生为了要医治小孩们的病，自己传染了病菌牺牲而死的！你要想想：在难船、饥馑、火灾及其他非常危险的时候，有许多人是将最后的一口面包，最后的安全场所，最后从火灾中逃身的绳梯，让给了幼稚的小灵魂，自己却满足于牺牲而从容瞑目了的！

啊！安利柯啊！像这样死去的人，差不多数也数不尽。无论那里的墓地，都眠着成千成百的这样神圣的灵魂。如果这许多的人能够暂时在这世界中复活，他们必定要呼唤那自己将壮年的快乐、老年的平和、爱情、才能、生命贡献过的小孩们的名字的。二十岁的妻，壮年的男子，八十岁的老人，青年的——为幼者而殉身的这许多无名的英雄——这许多高尚伟大的人们墓前所应该撒的花，靠这地球，是无论如何不够出的。你们小孩们是这样地被爱着的，所以，安利柯啊！在万灵节一日，要用了感谢报恩的心，去纪念这许多亡人。这样，你对于爱你的人们，对于为你劳苦的人们，自会更亲和、更有情了吧。你真是幸福的人啊！你在万灵节，还未曾有想起来要哭的人呢。

——母亲

好友卡隆（四日）

虽然只有两天的休假，我好像已有许多日子不见卡隆了。我愈和卡隆熟悉，愈觉得他可爱。不但我如此，大家都是这样，只有几个傲慢的人，嫌恶卡隆，不和他讲话。这是因为卡隆一贯不受他们压制的缘故。那大的孩子们正在举起手来要去打幼小的孩子的时候，幼的只要叫一声"卡隆！"那大的就会缩回手去的。卡隆的父亲是铁道的机关司。卡隆小时候曾得过病，所以入学已迟；在我们一级里身材最高，气力也最大。他能用一手举起椅子来；常常吃着东西；为人很好，有人请求于他，不论铅笔、橡皮、纸类、小刀，都肯借给或赠与。上课时，不言、不笑、不动，石头般地安坐在狭小的课椅上，两肩上装着大大的头，把背脊向前弯屈着。我去看他的时候，他总半闭了眼给笑脸我看。好像在那里说："喂，安利柯，我们大家做好朋友啊！"我一见卡隆，总是要笑起来。他身子又长，背膊又阔，上衣、裤子、袖子都太小太短，至于帽子，小得差不多要从头上落下来；外套露出绽缝，皮靴是破了的，领带时常搓扭得成一条线。他的相貌，一见都使人喜欢，全级中谁都欢喜和他并座。他算术很好，常用红皮带束了书本拿着。他有一把螺钿镶柄的大裁纸刀，这是去年陆军大操的时候，他在野外拾得的。他有一次，因这刀伤了手，几乎把指骨都切断了。他不论人家怎样嘲笑他，都不发怒，但是当他说着什么的时候，如果有人说他"这是谎话"，那就不得了了：他立刻火冒起来，眼睛发红，一拳打下来，可以把椅子击破。有一天星期六的早晨，他看见二年级里有一个小孩因失掉了钱，不能买笔记簿，立在街上哭，就把钱给他。他在母亲的生日，费了三天工夫，写了一封有八页长的信，纸的四周，还曾用笔画了许多装饰的花样呢。先生常注视着他，从他旁边走过的时候，时常用手轻轻地去拍他的后颈，好像爱抚柔和的小牛的样子。我真喜欢卡隆。当我握着他那大手的时候，那种欢喜真是非常！他的手和我的相比，就像大人的手了。我的确相信：卡隆真是能牺牲自己的生命而救助朋友的人。这种精神，在他的眼光里很显明地可以看出，又从他那粗大的喉音中，也谁都可以听辨出他所含有的优美的真情的。

卖炭者与绅士（七日）

昨天卡罗·诺琵斯向培谛说的那样的话，如果是卡隆，决不会说的。卡罗·诺琵斯因为他父亲是上等人，很是傲慢。他的父亲是个身材很高有黑须的沉静的绅士，差不多每天早晨伴了诺琵斯到学校里来的。昨天，诺琵斯忽然和培谛相骂起来了。培谛是个顶年小的小孩子，是个卖炭者的儿子。诺琵斯因为自己的理错了，无话可辩，就说"你父亲是个叫花子！"培谛气得连发根都红了，一声不响，只簌簌地流着眼泪。好像后来他回去向父亲哭诉了，他那卖炭的父亲——全身墨黑的矮小的男子——午后上课时，就携他儿子的手同到学校里来，把这事告诉了先生。我们大家都默不作声。诺琵斯的父亲正照例在门口替他儿子脱外套，听见有人说起他的名字，就问先生说："什么事？"

"你们的卡罗对这位的儿子说：'你父亲是个叫花子！'这位正在这里告诉这事呢。"先生回答说。

诺琵斯的父亲脸红了起来，对着自己的儿子问："你，曾这样说的吗？"诺琵斯低了头立在教室中央，什么都不回答，于是，他父亲捉了他的手臂，拉他到培谛身旁，说："快道歉！"

卖炭的好像很对不住他的样子，说"不必，不必！"想上前阻止，可是绅士却不答应，仍对了他儿子说：

"快道歉！照我所说的样子快道歉：'对于你的父亲，说了非常失礼的话，这是我所不应该的。请原谅我。让我的父亲来握你父亲的手。'要这样说。"

卖炭的越发现出不安的神情来，好像在那里说"那不敢当"的样子，绅士总不肯答应，于是诺琵斯俯了头，用了断断续续的声音说：

"对于……你的父亲，……说了……非常失礼的话，这是……我所不应该的。……请你……原谅我。让我的父亲……来握……你父亲的手。"

绅士把手向卖炭的伸去，卖炭的就握着使劲地摇起来。还把自己的儿子推近卡罗·诺琵斯，叫用两手去抱他。

"从此，请叫他们两个坐在一处。"绅士这样向先生请求，先生就令培谛坐在诺琵斯的位上，诺琵斯的父亲等他们坐好了，就行了礼出去，卖炭的注视着这并坐的两孩，立着沉思了一会儿，走到座位旁，对着诺琵斯，好像要说什么，好像很依恋，好像很对不起他的样子，终于什么都不说，他张开了两臂，好像要去抱诺琵斯了，可是也终于没有去抱，只用了那粗大的手指，在诺琵斯的额上碰了一碰，等走出门口，还回头向里面一瞥，这才出去。

先生对我们说："今天的事情，大家不要忘掉，因为这可算这学年中最好的教训了。"

弟弟的女先生（十日）

我的弟弟病了，那个女教师代尔卡谛先生来探望。原来，卖炭者的儿子，从前也是由这先生教过的，先生讲出可笑的故事来，引得我们都笑。两年前，那卖炭家小孩的母亲，因为她儿子得了奖牌，用很大的围裙包了炭，拿到先生那里，当作谢礼，先生无论怎样推辞，她终不答应，等拿了回家去的时候，居然哭了。先生又说，还有一个女人，曾把金钱装入花束中送给她。先生的话，使我们听了有趣发笑，弟弟在平日无论怎样不肯吃的药，这时也好好地吃了。

教导一年级的小孩，多少费力啊！有的牙齿未全，像个老人，发音发不好；有的要咳嗽；有的淌鼻血；有的因为靴子在椅子下面，说"没有了"哭着；有的因钢笔尖触痛了手叫着；有的把习字帖的第一册和第二册掉错了吵不清。要教会五十个有着软软的手的小孩写字，真是一件不容易的事。他们的袋里，藏着什么甘草、纽扣、瓶塞、碎瓦片等等的东西，先生要去搜查他们的时候，他们连鞋子里也会去藏。先生的话他们是一点也不听的，有时从窗口飞进一只苍蝇来，他们就大吵。夏天呢，把草拿进来，有的捉了甲虫在里面放；甲虫在室内东西飞旋，有时落入墨水瓶中，弄得习字帖里都溅污了墨水。先生代替了小孩们的母亲，替他们整顿衣装；他们的手指受了伤，替他们裹绷带；帽子落了，替他们拾起；替他们留心别拿错了外套；用尽了心叫他们不要吵闹。女先生真辛苦啊！可是，学生的母亲们还要来提意见：什么"先生，我儿子的钢笔尖为什么不见了？"什么"我的儿子一些都不进步，究竟为什么？"什么"我的儿子成绩那样的好，为什么得不到奖牌？"什么"我们配罗的裤子，被钉刺破了，你为什么不把那钉去了呢？"

据说：这先生有时对于小孩，受不住气闹，不觉举起手来，终于用牙齿咬住了自己的手指，把气忍住了。她发了怒以后，非常后悔，就去抚慰方才被骂过的小孩。也曾把顽皮的小孩赶出教室，赶出以后，自己却咽着泪。有时，学生的父母要责罚他们自己的小孩，不给食物吃，先生听见了，总是很不高兴，要去阻止他们这样做的。

先生年纪真轻，身材高长，衣装整齐，很是活泼。无论做什么事都像弹簧样地敏捷。是个多感而柔慈易出眼泪的人。

"孩子们都非常和你亲热呢。"母亲说。

"是这样的，可是一到学年完结，就大都不顾着我了。他们到了要受男先生教的时候，就以受女先生的教为耻哩。两年间，那样地爱护了他们，一旦离开，真有点难过。那个孩子是一向亲热我的，大概不会忘记我吧。心里虽这样自忖，可是一到放了假以后，你看！他回到学校里来的时候，我虽'我的孩子，我的孩子！'地叫着走近他去，他却把头向着别处，睬也不睬你了哩。"

先生这样说了，暂时住了口。又举起她的湿润的眼睛，吻着弟弟说：

"但是，你不是这样的吧？你是不会把头向着别处的吧？你是不会忘记我的吧？"

我的母亲（十日）

安利柯！你当你弟弟的先生来的时候，对于母亲，说了非常失礼的话了！像那样的事，不要再有第二次啊！我听见你那话，心里苦得好像针刺！我记得：数年前你病的时候，你母亲恐怕你病不会好，终夜坐在你床前，数你的脉搏，算你的呼吸，担心得至于啜泣，我以为你母亲要发疯了，很是忧虑。一想到此，我对于你的将来，有点恐怖起来，你会对了你这样的母亲说出那样不该的话！真是怪事！那是为要救你一时的痛苦不惜舍去自己一年间的快乐，为要救你生命不惜舍去自己生命的母亲哩。

安利柯啊！你须记着！你在一生中，当然难免要尝种种的艰苦，而其中最苦的一事，就是失去了母亲。你将来年纪大了，尝遍了世人的辛苦，必有时候会几千次地回忆起你的母亲来的。一分钟也好，但求能再听听母亲的声音，只一次也好，但求再在母亲的怀里，作小儿样的哭泣，像这样的时候，必定会有的。那时，你忆起了对于亡母曾经给与种种苦痛的事来，不知要怎样地流后悔之泪呢！这不是可悲的事吗？你如果现在使母亲痛心，你将终生受良心的责备吧！母亲的优美慈爱的面影，将来在你眼里，将成了悲痛的轻蔑的样子，不绝地使你的灵魂痛苦吧！

啊！安利柯！须知道亲子之爱，是人间所有的感情中最神圣的东西，破坏这感情的人，实是世上最不幸的。人虽犯了杀人之罪，只要他是敬爱自己的母亲的，其胸中还有美的贵的部分留着；无论怎样有名的人，如果他是使母亲哭泣、使母亲痛苦的，那就真是可鄙可贱的人物。所以，对于亲生的母亲，不该再说无礼的话，万一一时不注意，把话说错了，你该自己从心里忏悔，投身于你母亲的膝下，请求赦免的接吻，在你的额上拭去不孝的污痕。我原是爱着你，你在我原是最重要的珍宝，可是，你对于你母亲如果不孝，我宁愿还是没有了你好。不要再走近我！不要来抱我！我现在没有心来还抱你！

——父亲

朋友可莱谛（十三日）

父亲饶恕了我了，我还悲痛着。母亲送我出去，叫我和门房的儿子大家到河边去散步。在河边走着，到了一家门口停着货车的店前，觉有人在叫我，回头去看，原来是同学可莱谛。他身上流着汗正在活泼地扛着柴。立在货车上的人抱了柴递给他，可莱谛接了运到自己的店里，急急地堆积着。

"可莱谛，你在做什么？"我问。

"你不看见吗！"他把两只手伸向柴去，一面回答我。"我正在复习功课哩！"他又这样接续着说。

我笑了，可是可莱谛却认真地在嘴里这样念着："动词的活用，因了数——数与人称的差异而变化——"一面抱着一捆柴走去，放下了柴，把他堆好了："又因动作起来的时而变化——"走到车旁取柴："又因表出动作的法而变化。"

这是明日文法的复习。"我真忙啊！父亲因事出门去了，母亲病了在床上卧着，所以我不能不做事。一面做事，一面读着文法。今日的文法很难呢，无论怎样记，也记不牢。——父亲说过，七点钟回来付钱的哩。"他又向了货车的人说。

货车去了。"请进来！"可莱谛说。我进了店里，店屋广阔，满堆着木柴，木柴旁还挂着秤。

"今天是一个忙日，真的！一直没有空闲过。正想作文，客人来了。客人走了以后，执笔要写，方才的货车来了。今天跑了柴市两趟，腿麻木得像棒一样，手也硬硬的，如果想画画，一定弄不好的。"说着又用扫帚扫去散在四周的枯叶和柴屑。

"可莱谛，你用功的地方在那里？"我问。

"不在这里。你来看看！"他引我到了店后的小屋里，这屋差不多可以说是厨房兼食堂，桌上摆着书册、笔记簿，和已开了头的作文稿。"在这里啊！我还没有把第二题做好——用革做的东西。有靴子、皮带——还非再加一个不可呢——及皮袍。"他执了钢笔写着端正的字。

"有人吗？"喊声自外面进来，原来买主来了。可莱谛回答着"请进来！"奔跳出去，称了柴，算了钱，又在壁角污旧的卖货簿上把账记了，重新走进来："非快把这作文写完了不可。"说着执了笔继续写上："旅行包，兵士的背包——咿哟！咖啡滚了！"跑到暖炉旁取下咖啡瓶："这是母亲的咖啡。我已学会了咖啡煮法了哩。请等一等，我们大家拿了这个到母亲那里去吧，母亲一定很欢喜的。母亲这个星期一直卧在床上。——呃，动词的变化——我好几次因这咖啡瓶烫痛了手呢，——兵士的背包以后，写些什么好呢？——非再写点上去不可——一时想不出来——且到母亲那里去吧！"

可莱谛开了门，我和他同入那小室。母亲卧在阔大的床上，头部包着白的头巾。

"啊！好哥儿，你是来望我的吗？"可莱谛的母亲看着我说。可莱谛替母亲摆好了枕头，拉直了被，往炉子里加上了煤，赶出卧在箱子上的猫。

"母亲，不再饮了吗？"可莱谛说着从母亲手中接过杯子，"药已喝了吗？如果完了，让我再跑药店去。柴是已经卸好了。四点钟的时候，把肉拿来烧了吧。卖牛油的如果走过，把那八个铜子还了他就是了。诸事我都会弄好的，你不必多劳心了。"

"亏得有你！你可以去了。一切留心些。"他母亲这样说了，还叫我必定须吃块方糖。可莱谛指着他父亲的照相给我看。他父亲穿了军服，胸间挂着勋章，据说是在温培尔脱亲王部下的时候得来的。相貌和可莱谛印板无二，眼睛也是活泼泼的，也作着很快乐的笑容。

我们又回到厨房里来了。"有了！"可莱谛说着继续在笔记簿上写，"——马鞍也是革做的——以后晚上再做吧。今天非迟睡不可了。你真幸福，用功的功夫也有，散步的闲暇也有呢。"他又活泼地跑出店堂，将柴搁在台上用锯截断：

"这是我的体操哩。可是和那'两手向前！'的体操是不同的了。我在父亲回来以前把这柴锯了，使他见了欢喜吧。最讨厌的，就是手拿了锯以后，写起字来，笔画要同蛇一样。但是也无法可想，只好在先生面前把事情直说了。——母亲快点病好才好啊！今天已好了许多，我真快活！明天鸡一叫，就起来预备文法吧。——咿哟！柴又来了。快去搬吧！"

货车满装着柴，已停在店前了。可莱谛走向车去，又回过来："我已不能奉陪你了。明日再会吧。你来得真好，再会，再会！快快乐乐地散你的步吧，你真是幸福啊！"他把我的手紧握了一下，仍去来往于店车之间，脸孔红红地像蔷薇，那种敏捷的动作，使人看了也爽快。

"你真是幸福啊！"他虽对我这样说，其实不然，啊！可莱谛！其实不然。你才是比我幸福呢。因为你既能用功；又能劳动；能替你父母尽力。你比我要好一百倍，勇敢一百倍呢！好朋友啊！

校长先生（十八日）

可莱谛今天在学校里很高兴，因为他三年级时的先生到校里来做考试监督来了。这位先生名叫考谛，是个肥壮、大头、缩发、黑须的先生，眼光炯炯的，话声响如大炮。这先生常恐吓小孩们，说什么要撕断了他们的手足交付警察，有时还要装出种种可怕的脸孔。可是，他其实决不会责罚小孩的。他无论何时，总在胡须底下作着笑容，不过被胡须遮住，大家都看不出来。男先生共有八人，考谛先生之外，还有像小孩样的助手先生。五年级的先生是个跛子，平常围着大的毛围巾，据说，他在乡间学校的时候，因为校舍潮湿，壁里满是湿气，就得了病，到现在身上还是要作痛哩。那级里还有一位白发的老先生，据说以前是曾做过盲人学校的教师的。另外还有一位衣服华美，戴了眼镜，留着好看的颊须的先生。他在教书的时候，又自己研究法律，曾得过证书。所以得着一个"小律师"的绰号，这先生又曾著过《书简文教授法》的书。教体操的先生，是一位军人那样的人。据说曾经隶属于格里巴第将军的部下，项颈上留着弥拉查战争时的刀伤。还有一个就是校长先生，高身秃头，戴着金边的眼镜，花白的须，长长地垂在胸前。平常穿着黑色的衣服，纽扣一直扣到腮下。他是个很和善的先生。学生犯了规则被唤到校长室里去的时候，总觉得是战战兢兢的，先生并不责骂，只是携了那小孩的手，好好开导，叫他下次不要再有那种事，并且安慰他，叫他以后做好孩子。因为他是用了和善的声气，亲切地说的，小孩出来的时候总是红着眼睛，觉得比受罚还要难过。校长先生每晨第一个到校，等学生来，候父兄来谈话。别的先生回去了以后，他一个人还自己留着，在学校附近到处巡视，恐怕有学生被车子碰倒，或在路上恶顽的。只要一看见先生的那高而黑的影子，群集在路上逗留的小孩们，就会弃了玩具东西逃散。先生那时，总远远地用了难过而充满了情爱的脸色，吓住正在逃散的小孩们的。

据母亲说：先生自爱儿入了志愿兵死去以后，就不见有笑容了。现在校长室的小桌上，放着他爱儿的照相。先生遭了那不幸以后，一时曾想辞职，据说已将向市政所提出的辞职书写好，藏在抽屉里，因为不忍与小孩别离，还踌躇着未曾决定。有一天，我父亲在校长室和先生谈话，父亲向着先生说道："辞职是多么乏味的事啊！"这时，恰巧有一个人领了孩子来见校长，是请求他许可转学的。校长先生见了那小孩，似乎吃了一惊，将那小孩的相貌和桌上的照相比较打量了好久，拉小孩靠近膝旁，托了他的头，注视一会儿，说了一声"可以的"，记出姓名，叫他们父子回去，自己仍沉思着。我父亲又继续着说："先生一辞职，我们不是困难了吗？"先生听了，就从抽屉里取出辞职书，撕成二段，说："已把辞职的意思打消了。"

兵士（二十二日）

校长先生自爱儿在陆军志愿兵中死去了以后，课外的时间，常常出去看兵队的通过。昨天又有一个联队在街上通过，小孩们都集拢了一处，和了那乐队的调子，把竹尺敲击皮袋或书夹，依了拍子跳旋着。我们也站在路旁，看着军队进行。卡隆穿了狭小的衣服，也嚼着很大的面包在那里站着看。还有衣服很漂亮的华梯尼呀；铁匠的儿子、穿着父亲的旧衣服的泼来可西呀；格拉勃利亚少年呀；"小石匠"呀；赤发的克洛西呀；相貌很平常的勿兰谛呀；炮兵大尉的儿子，因从马车下救出幼儿自己跛了脚的洛佩谛呀；都在一起。有一个跛了足的兵士走过，勿兰谛笑了起来。忽然，有人去抓勿兰谛的肩头，仔细一看，原来是校长先生。校长先生说："注意！嘲笑在队伍中的兵士，好像辱骂在缚着的人，真是可耻的事！"勿兰谛立刻躲避到不知那里去了。兵士们分作四列进行，身上都流着汗，沾满了灰尘，枪映在日光中闪烁地发光。

校长先生对我们说：

"你们不能不感谢兵士们啊！他们是我们的保卫者。一旦有外国军队来侵犯我国的时候，他们就是代我们去拼命的人。他们和你们年纪相差不多，都是少年，也是在那里用功的。看哪！你们一看他们的面色就可知道全意大利各处的人都有在里面：西西利人也有，那不勒斯人也有，赛地尼亚人也有，隆巴尔地人也有。这是曾经加入过一八四四年战争的古联队，兵士虽经变更，军旗还是当时的军旗。在你们未诞生以前，为了国家，在这军旗下战死过的人，不知有多少呢！"

"来了！"卡隆叫着说。真的，军旗就在眼前兵士们的头上了。

"大家听啊！那三色旗通过的时候，应该行举手注目的敬礼的哩！"

一个士官捧了联队旗在我们面前通过，已是块块破裂褪了色的旗帜了，旗杆顶上挂着勋章。大家向着行举手注目礼，旗手对了我们微笑，举手答礼。

"诸位，难得，"后面有人这样说。回头去看，原来是年老的退职士官，纽孔里挂着克里米亚战役的从军徽章，"难得！你们做了好事了！"他反复着说。

这时候，乐队已沿着河岸转了方向了，小孩们的哄闹声与喇叭声彼此和着。老士官注视着我们说："难得，难得！从小尊敬军旗的人，大起来就是拥护军旗的。"

耐利的保护者（二十三日）

驼背的耐利，昨天也在看兵士的行军，他的神气很可怜，好像说："我不能当兵士了。"耐利是个好孩子，成绩也好，身体小而弱，连呼吸都似乎困苦的。他母亲是个矮小白色的妇人，每到学校放课时，总来接她儿子回去。最初，别的学生，都要嘲弄耐利，有的用了书包去碰他那突出的背，耐利却毫不反抗，且不将人家以他为玩物的话告诉他母亲，无论怎样被人玩弄，他只是靠在座位里无言哭泣罢了。

有一天，卡隆突然跳了出来对大家说：

"你们再碰耐利一碰，我一个耳光，要他转三个圈子！"

勿兰谛不相信这话，当真尝了卡隆的老拳，果然一掌去转了三个圈子。从此以后，再没有敢玩弄耐利的人了。先生知道这事，使卡隆和耐利同坐在一张桌子里。两人很要好，耐利尤爱着卡隆，他到教室里，必要先看卡隆有没有到，回去的时候，没有一次不说"卡隆，再会！"的。卡隆也同样，耐利的钢笔书册等落到地下时，卡隆不要耐利费力，立刻俯下去替他拾起；此外，又替他帮种种的忙，或替他把用具装入书包里，或替他穿外套。耐利平常总向着卡隆，听见先生称赞卡隆，他就欢喜得如同称赞自己一样。耐利到了后来，好像已把从前受人玩弄、暗泣，幸赖一个朋友保护的事，告诉了他的母亲了。今天在学校里有这样的一件事：先生有事差我到校长室去，恰巧来了一个着黑衣服的小而白色的妇人，这就是耐利的母亲。"校长先生，有个名叫卡隆的，是在我儿子的一级里的吗"这样问。

"是的。"校长回答。

"有句话要和他说，可否请叫了他来？"

校长命校役去叫卡隆，不一会儿，卡隆的大而短发的头已在门框间看见了。他不知叫他为了何事，正露出着很吃惊的样子。那妇人一看见他，就跳了过去。将腕弯在他的肩上，不绝地吻他的额：

"你就是卡隆！是我儿子的好朋友！帮助我儿子的！就是你！好勇敢的人！就是你！"说着，急忙地用手去摸衣袋，又取出荷包来看，一时找不出东西，就从颈间取下带着小小十字架的链子来，套上卡隆的颈项：

"将这给你吧，当作我的纪念！——当作感谢你，时时为你祈祷着的耐利的母亲的纪念！请你挂着吧！"

级长（二十五日）

卡隆令人可爱，代洛西令人佩服。代洛西每次总是第一，取得一等奖，今年大约仍是如此的。可以敌得过代洛西的人，一个都没有。他什么都好，无论算术、作文、图画，总是他第一。他一学即会，有着惊人的记忆力，凡事不费什么力气，学问在他，好像游戏一般。先生昨天向着他说：

"你从上帝享受得非常的恩赐，不要自己暴弃啊！"

并且，他身材高大，神情挺秀，黄金色的发，蓬蓬地覆着头额。身体轻捷，只要片手一当，就能轻松地跳过椅子。剑术也已学会了。年纪十二岁，是个富商之子。穿着青色的金纽扣的衣服，平常总是高兴活泼，待什么人都和气，测验的时候肯教导别人。对于他，谁都不曾说过无礼的话。只有诺琵斯和勿兰谛白眼对他，华梯尼看他时，眼里也闪着嫉妒的光。可是他却似毫不介意这些的。同学见了他，谁也不能不微笑，他做了级长，来往桌位间收集成绩的时候，大家都要去捉他的手。他从家里得了画片来，如数分赠朋友，还画了一张小小的格拉勃利亚地图送给那格拉勃利亚小孩。他给东西与别人的时候，总是笑着，好像不以为意的。他不偏爱那一个，待那一个都一样。我有时候比不过他，不觉难过，啊！我也和华梯尼一样，嫉妒着代洛西呢！当我拼了命思索难题的时候，想到代洛西此刻早已完全做好，无气可出，常常要气怒他，但是一到学校，见了他那秀美而微笑的脸孔，听着他那可爱的话声，接着他那亲切的态度，就把气怒他的念头消释，觉得自己可耻，觉得和他在一处读书，是很可喜的了。他的神情，他的声音，都好像替我鼓吹勇气热心和快活喜悦的。

先生把明天的"每月例话"稿子交给代洛西，叫他誊清。他今天正写着。好像他对于那篇讲演的内容非常感动，脸孔烧着火红，眼睛几乎要下泪，嘴唇也颤着。那时他的神气，看去真是纯正！我在他面前，几乎要这样说："代洛西！你什么都比我高强，你比了我，好像一个大人！我真正尊敬你，崇拜你啊！"

少年侦探（每月例话）（二十六日）

一八五九年，法意两国联军因救隆巴尔地，与奥地利战争，曾几次打破奥军。这正是那时候的事：六月里一个晴天的早晨，意国骑兵一队，沿了间道徐徐前进，一面侦察敌情。这队兵是由一士官和一军曹指挥着的，都噤了口注视着前方，看有没有敌军前哨的光影。一直到了在树林中的一家农舍门口，见有一个十二岁光景的少年立在那里，用小刀切了树枝削做杖棒。农舍的窗间飘着三色旗，人已不在了。因为怕敌兵来袭，所以插了国旗逃了的。少年看见骑兵来，就弃了在做的杖，举起帽子。是个大眼活泼而面貌很好的孩子，脱了上衣，正露出着胸脯。

"在做什么？"士官停了马问。"为什么不和你家族逃走呢？"

"我没有家族，是个孤儿。也会替人家做点事，因为想看看打仗，所以留在这里的。"少年答说。

"见有奥国兵走过么？"

"不，这三天没有见到过。"

士官沉思了一会儿，下了马，命兵士们注意前方，自己爬上农舍屋顶去。可是那屋太低了，望不见远处，士官又下来，心里想，"非爬上树去不可"。恰巧农舍面前有一株高树，树梢在空中飘动着。士官考虑了一会儿，把树梢和兵士的脸孔，上下打量，忽然，向着少年：

"喂！孩子！你眼力好吗？"

"眼力吗，一里外的雀儿也看得见呢。"

"你能上这树梢吗？"

"这树梢！我？那真是不要半分钟的工夫。"

"那么，孩子！你上去替我望望前面有没有敌兵，有没有烟气，有没有枪刺的光和马那种东西？"

"就这样吧。"

"应该给你多少？"

"你说我要多少钱吗？不要！我欢喜做这事。如果是敌人叫我，我哪里肯呢？为了国家才肯如此。我也是隆巴尔地人哩！"少年微笑着回答。

"好的，那末你上去。"

"且慢，让我脱了皮鞋。"

少年脱了皮鞋，把腰带束紧了，将帽子掷在地上，抱向树干去。

"当心！"士官的叫声，好似要他下来，少年用了那青色的眼，回过头去看着士官，似乎问他什么。

"没有什么，你上去。"

少年就像猫样地上去了。

"注意前面！"士官向着兵士叫喊。少年已爬上了树梢。身子被枝条网着。脚虽因树叶遮住了不能看见，上身却可从远处望见。那蓬蓬的头发，在日光中闪作黄金色。树真高了，从下面望去，少年的身体缩得很小了。

"一直看前面！"士官叫着说。少年将右手放了树干，遮在眼上望去。

"见到什么吗？"士官问。

少年向了下面，用手圈成喇叭套在嘴上回答说："有两个骑马的在路上站着呢。"

"离这里多少？"

"半里。"

"在那里动吗？"

"只是站着的。"

"别的还看见什么？向右边看。"

少年向右方望："近墓地的地方，树林里有什么亮晶晶的东西，大概是枪刺吧。"

"不看见有人吗？"

"没人，恐是躲在稻田中吧。"

这时，"嘶"地子弹从空中掠了过来，落在农舍后面。

"下来！已被敌人看见你了。已经好了，下来！"士官叫着说。

"我不怕。"少年回答。

"下来！"士官又叫，"左边不见有什么吗？"

"左边？"

"唔，是的。"

少年把头向左转去。这时，有一种比前次更尖锐的声音就在少年头上掠过。少年一惊，不觉叫道："他们向我射击起来了。"枪弹正从少年身旁飞过，真是只有一发之差。

"下来!"士官着急地叫。

"立刻下来了。但是现在已有树叶遮住，不要紧了。你说看左边吗?"

"唔，左边。但是，可下来了!"

少年把身体突向左方，大声地："左边有寺的地方——"话犹未完，又一声很尖锐的声音，掠过空中。少年像是忽然下来了，还以为他正在靠住树干，不料即张开了手，石块似的落在地上。

"完了!"士官绝叫着跑上前去。

少年仰天横在地上，伸了两手死了。军曹与两个兵士，从马上飞跳下来。士兵伏在少年身上，解开了他的衬衫一看，见枪弹正中在右肺。"没有希望了!"士官叹息着说。

"不，还有气呢!"军曹说。

"唉! 可怜! 难得的孩子! 喂! 当心!"士官说着，用手巾抑住伤口，少年两眼炯炯地张了一张。头就向后垂下，断了气了。士官苍白着脸对少年看了一看，就把少年的上衣铺在草上，将尸体静静横倒，自己立了看着，军曹与两个兵士也立视着不动。别的兵士注意着前方。"可怜! 把这勇敢的少年——"士官这样反复地说了，忽然转念，把那窗口的三色旗取下，罩在尸体上当作尸衣，军曹集拢了少年的皮鞋、帽子、小刀、杖等，放在旁边。他们一时都静默地立着，过了一会儿，士官向军曹说道："叫他们拿担架来! 这孩子是当作军人而死，可以用军人的礼仪来葬他的。"说着，向着少年的尸体，吻了自己的手再用手加到尸体上，代替接吻。立刻向兵士们命令说："上马!"

一声令下，全体上了马继续前进，经过数小时之后，这少年就在军队里受到了下面那样的敬礼:

日没时，意大利军前卫的全线，向敌行进，数日前把桑马底诺小山染成血红的一大队射击兵，从今天骑兵通行的田野路上作了两列进行。少年战死的消息，出发前已传遍全队，这队所取的路径，与那农舍相距只隔几步。在前面的将校等，见大树下的用三色旗遮盖着的少年，通过时都捧了剑表示敬意。一个将校俯下小河的岸摘取东西散开着的花草，洒在少年身上，全队的兵士也都模仿着摘了花向尸上投洒，一瞬间，少年已埋在花的当中了。将校兵士都大家齐声叫说："勇敢啊！隆巴尔地少年！""再会！朋友啊！""金发儿万岁！"一个将校把自己挂着的勋章投了过去，还有一个走近去吻他的额。草花仍继续地有人投过去，落雨般地洒在那可怜的脚上、染着血的臂上、黄金色的头上，少年包了旗横卧在草上，露出苍白的笑脸，啊！他好像是听了许多人的称赞，把为国丧生的事当作了自己的最大的满足！

贫民（二十九日）

安利柯啊！像隆巴尔地少年的为国捐身，固然是大大的德行，但你不要忘记，我们此外不可不为的小德行，不知还有多少啊！今天你在我的前面走过街上时，有一个抱着瘦小苍白的小孩的女乞丐向你讨钱，你什么都没有给，只看着走开罢咧！那时，你袋中是应该有着铜币的。安利柯啊！好好听着！不幸的人伸了手求乞时，我们不该假装不知的啊！尤其是对于为了自己的小儿而求乞的母亲，不该这样。这小儿或者正饥饿着也说不定，如果这样，那母亲的难过将怎样呢？假定你母亲不得已要至于对你说"安利柯啊！今日不能再给你食物了呢"的时候，你想！那时的母亲，心里是怎样？

给与乞丐一个铜币，他就会从真心感谢你，说："神必保佑你和你家族的健康。"听着这祝福时的快乐，是你所未曾尝到过的。受着那种言语时的快乐，我想，真是可以增加我们的健康的。我每从乞丐听到这种话时，觉得反不能不感谢乞丐，觉得乞丐所报我的比我所给他的更多，常这样怀着满足回到家里来。你碰着无依无靠的盲人，饥饿的母亲，无父母的孤儿的时候，可从钱包中把钱分给他们。仅在学校附近看，不是已有许多贫民了吗？贫民所欢喜的，特别是小孩的施与，因为：大人施与他们时，他们觉得比较低下，从小孩手里接受则是觉得不足耻的。大人的施与不过只是慈善的行为，小儿的施与于慈善外还有着亲切——你懂吗？用譬喻说，好像从你手里落下花和钱来的样子。你要想想：你什么都不缺乏，世间有缺乏着一切的；你在求奢侈，世间有但求不死就算满足的。你又要想想：在充满了许多殿堂车马的都市之中，在穿着华美服装的小孩们之中，竟有着无衣无食的女人和小孩，这是何等可寒心的事啊！他们没有食物吃哪！不可怜吗？在这大都市中，有许多品质也同样的好，很有才能的小孩，穷得没有食物，像荒野的兽类一样；啊！安利柯啊！从此以后，如遇有乞食的母亲，不要再不给一钱管自走开！

——父亲

第三卷　十二月

商人（一日）

父亲叫我在休假日招待朋友来家或去访问他们，以达到彼此亲密。所以，这次星期日预备和那漂亮人物华梯尼去散步。今天卡洛斐来访，——就是那身材瘦长，长着鸦嘴鼻，生着狡猾的眼睛的。他是杂货店里的儿子，真是一个奇人。袋里总带着钱，数钱的本领，要算一等。心算的快，更无人能及了。他又能储蓄，无论怎样，决不滥用一钱。即使有五厘铜币落在座位下面，他虽费了一星期的功夫，也必须找到了才肯罢休。不论是用旧了的钢笔尖、编针、点剩的蜡烛或是旧邮票，他都好好地收藏起来。他已费二年的功夫收集旧邮票了，好几百张地粘在大大的空簿上，各国的都有，说是粘满了就去卖给书店的。他常拉了同学们到书店购物，所以书店肯把笔记簿送他。他在学校里，也经营着种种的交易；有时把东西向人买进，有时呢，卖给别人；有时发行彩票；有时把东西和别人交换；交换了以后，有时懊悔了，还要依旧掉回。他善作投钱的游戏，一向没有输过。集了旧报纸，也可以拿到纸烟店里去卖钱。他带着一本小小的手册，把账目细细地记在里面。在学校，算术以外，是什么都不用功的。他也想得奖牌，但这不过因为想不花钱去看傀儡戏的缘故。他虽是这样的一个奇人，我却很喜欢他。今天，我和他一同做买卖游戏，他很熟悉物品的市价，称戥也知道，至于折叠喇叭形的包物的纸袋，恐怕一般商店里的伙计，也比不上他。他自己说，出了学校，要去经营一种新奇的商店呢。我赠了他四五个外国的旧邮票，他那脸上的欢喜，真是了不得，并且还说明每张邮票的卖价给我听。当我们正在这样玩着的时候，我父亲虽在看报纸，却静听着卡洛斐的话，他那样子，看去好像听得很有趣味似的。

卡洛斐袋里满装着物品，外面用长的黑外套遮盖着。他平时总是商人似的在心里打算着什么。他最看重的要算那邮票簿了，这好像是他的大大的财产，他平日不时和人谈及这东西。大家都骂他是鄙吝者，说他是盘剥重利的，但我不知道为什么，却欢喜他。他教给我种种的事情，俨然像个大人。柴店里的儿子可莱谛说，他虽到用那邮票簿可以救母亲生命的时候，也不肯舍了那邮票簿的。但我的父亲却不信这话。父亲说：

"不要那样批评人，那孩子虽然气量不大，但也有亲切的地方哩！"

虚荣心（五日）

昨日与华梯尼及华梯尼的父亲，同在利华利街方面散步。斯带地立在书店的窗外看着地图，他是无论在街上、在何处也会用功的人，不晓得是什么时候到了这里的。我们和他招呼，他只把头一回就算，好不讲理啊！

华梯尼的装束，不用说是很漂亮的。他穿着绣花的摩洛哥皮的长靴，着了绣花的衣裳，衣扣是绢包裹了的，戴了白海狸的帽子，戴了挂表，阔步地走着。可是，昨天的华梯尼，因为虚荣心却遇到了很大的失败了。他父亲走路很缓，我们两个一直在前，向路旁石凳上坐下。那里又坐了一个衣服朴素的少年，他好像很疲倦了，垂下了头在沉思。华梯尼坐在我和那少年的中间，忽然似乎记起自己的服装华美，想向少年夸耀了，举起脚来对我说：

"你见了我的军靴了吗？"意思是给那少年看的，可是少年竟毫不注意。华梯尼放下了脚，指绢包的衣扣给我看，一面眼瞟着那少年说："这衣扣不合我意，我想换了那银的。"那少年仍不向他一看。

于是，华梯尼将那白海狸的帽子用手指顶着打起旋来，少年也不瞧他，好像竟是故意如此的。

华梯尼愤然地把挂表拿出，开了后盖，叫我看里面的机械。那少年到了这时，仍不抬起头来，我问："这是镀金的吧?"

"不，金的罗!"华梯尼答说。

"不会是纯金的，多少总有一点银在里面吧?"

"哪里! 那是没有的。"华梯尼说着把挂表送到少年面前，向着他说：

"你，请看! 不是纯金的吗?"

"我不知道。"少年淡然地说。

"嘎呀! 好骄傲!"华梯尼怒了，大声说。

这时，恰巧华梯尼的父亲也来了，他听见这话，向那少年注视了一会儿，尖声地对自己的儿子："别作声!"又附近儿子的耳朵："这是一个瞎了眼的。"

华梯尼惊跳了起来，去细看少年的面孔，见那眼珠宛如玻璃，果然是什么都不能见的。

华梯尼羞耻了，默然地把眼注视着他，过了一会儿，终于非常难为情地这样说："我不好，我没有知道。"

那瞎少年好像已明白了一切了。用了亲切的、悲哀的声音：

"哪里! 一点没有什么。"

华梯尼虽好卖弄阔绰，但却全无恶意。他为了这事，在散步中一直都不曾笑。

初雪（十日）

利华利街的散步，暂时不必再想，现在，我们美丽的朋友来了——初雪下来了! 从昨天傍晚，已大片飞舞，今晨积得遍地皆白。雪花在学校的玻璃窗上，片片地打着，窗框周围也积了起来，看了真有趣，连先生也揉着手向外观看。一想起做雪人呀，摘檐冰呀，晚上烧红了炉，围着谈有趣的故事等等的事来，大家都无心上课。只有斯带地独自热心地在对付功课，毫不管下雪的事。

　　放了课回去的时候，大家多高兴啊！都大声狂叫了跳着走，或是手抓了雪，或是在雪中跑来跑去。来接小孩的父兄们拿着的伞，上面也完全白了，警察的帽上也白了，我们的书包，一不顾着也转瞬白了。大家都喜欢得像发狂，永没有笑脸的铁匠店里的儿子泼来可西，今天也笑了；从马车下救出了小孩的洛佩谛，也挂了拐杖跳着；还未曾手触着过雪的格拉勃利亚少年，把雪团拢了，像桃子样地吃着；卖菜人家的儿子克洛西把雪装到书包里去。最可笑的是"小石匠"，我父亲叫他明天来玩的时候，他口里正满含着雪，欲吐不得，欲咽不能，只是默然地眼看着父亲的脸孔。大家见了都笑了起来。

　　女先生们也都跑着出来，也好像很高兴的。我那二年级时的可怜的病弱的先生，也咳嗽着在雪中跑来了。女学生们"呀呀"地从隔壁的学校哄出，在敷了毛毡样的雪地上来回跳跃，先生们都大声叫着说："快回去，快回去！"他们看了在雪中狂喜的小孩们，也是笑着。

　　安利柯啊！你因为冬天来了快乐着，但你不要忘记！世间有许多无衣无履、无火暖身的小孩啊！因为要想使教室暖些，在迸出了血的冻疮手中拿着许多薪炭到远远的学校里去的小孩也有；又，世界之中，全然埋在雪中样的学校也很多，在那种地方，小孩都震抖着牙根，看了不断下降的雪，抱着恐怖，那雪一积多，从山上崩倒下来，连房屋也要被压入了的。你们因为冬天来了欢喜，但不要忘了冬天一到世间，就有许多人要冻死的啊！

——父亲

"小石匠"（十一日）

　　今天，"小石匠"到家里来访问我们了。他着了父亲穿旧的衣服，满身都沾着石粉与石灰。他如约到了我们家里，我很快活，我父亲也欢喜。

　　他真是一个有趣的小孩。一进门，就脱去了被雪打湿了的帽子，塞在袋里，阔步地到了里面，用了那苹果样的脸孔，向一切注视。他走进餐室，把周围陈设打量了一会儿，看到那驼背的滑稽画，就装一次兔脸。他那兔脸，谁见了也不能不笑的。

我们作积木的游戏，"小石匠"关于筑塔造桥有异样的本领，一遇到这种事情，就坚忍不倦地认真去做，样子居然像大人。他一面玩着积木，一面告诉我自己家里的事情：据说，他家只有一间屋阁，父亲夜间进着夜学校，又说，母亲还替人家洗着衣服呢。我看他父母必是很爱他的。他衣服虽旧，却穿得很温暖，破绽了的地方，也很妥帖地补缀在那里，像领带那种东西，如果不经母亲的手，也断不能结得那样整齐好看的。他身形不大，据说，他父亲是个身材高大的人，进出家门，都须弯着身，平时呼他儿子叫"兔头"的。

到了四时，我们坐在安乐椅上，吃牛油面包。等大家离开了椅子以后，我看见"小石匠"上衣里沾着的白粉，染到椅背上了，就想用手去扑。不知为了什么，忽然父亲抑住我的手，过了一会儿，父亲自己却偷偷地把它拭了。

我们游戏中，"小石匠"上衣的纽扣，忽然落下了一个，我母亲替他缝缀，"小石匠"红了脸在旁看着。

我将滑稽画册给他看，他不觉一一装出画上的面容来，引得父亲也大笑了。回去的时候，他非常高兴，至于忘记去戴他的破帽。我送他出门，他又装了一次兔脸给我看，当作答礼。他叫安东尼阿·拉勃柯，年纪是八岁零八个月。

安利柯啊！你去扑椅子的时候，我为什么阻止你，你不知道吗？这因为在朋友面前如果扑了，那就无异于骂他说"你为什么把这弄脏了？"他并不是有意弄污，并且他衣服上所沾着的东西，是从他父亲工作时沾来的。凡是从工作上带来的，决不是脏东西，不管它是油石灰、漆或是尘埃，决不脏。劳动不会生出脏东西来，见了劳动着的人，决不应该说"啊！脏啊！"应该说"他身上有着劳动的痕迹。"你不要把这忘了！你应该爱"小石匠"，一则，他是你的同学，二则，他是个劳动者的儿子。

——父亲

雪球（十六日）

雪还是不断地下着，今天从学校回来的时候，雪地里发生了一件可怜的事：小孩们一出街道，就将雪团成了石头样硬的小球来往投掷，有许多人正在旁边通过，行人之中，有的叱叫着说："停止！停止！你们太顽皮了。"忽然，听见惊人的叫声，急去看时，有一老人落了帽子，双手遮了脸，在那里蹒跚着。一个少年立在旁边正叫着："救人啊！救人啊！"

人从四方集来，原来老人被雪球打伤了眼了！小孩们立刻四面逃散，我和父亲立在书店面前，向我们这边跑来的小孩也有许多。嚼着面包的卡隆、可莱谛、"小石匠"、收集旧邮票的卡洛斐，都在里面。这时，老人已被人围住，警察也赶来了。也有向这里那里来回跑着的人。大家都齐声说："是谁掷伤了的？"

卡洛斐立在我旁边，颜色苍白，身体战抖着。"谁？谁？谁闯了这祸？"人们叫着说。

卡隆走近来，低声向着卡洛斐说："喂！快走过去承认了，瞒着是卑怯的！"

"但是，我并不是故意的。"卡洛斐声音抖抖地回答。

"虽然不是故意的，但责任总要你负。"卡隆说。

"我不敢去！"

"那不成！来！我陪你去。"

警察和观者的叫声，比前更高了："是谁投掷的？眼镜打碎，玻璃割破了眼，怕要变瞎子了。投掷的人真该死！"

那时的卡洛斐，我以为要跌倒在地上了。"来！我替你想法。"卡隆说着，捉了卡洛斐的手臂，扶病人样地拉了卡洛斐过去。群众见这情形，也猜测知道闯祸的是卡洛斐，有的竟捏紧了拳头想打他。卡隆把他们推开了说："你们集了十个以上的大人，来和一个小孩作对手吗？"人们才静了不动。

警察携了卡洛斐的手，推开人群，带了卡洛斐到那老人暂时睡着的人家去。我们也随后跟着走。走近一看，原来那受伤的老人，就是和他的侄子同住在我们上面五层楼上的一个雇员。他卧在椅子上，用手帕盖住着眼睛。

"我不是故意的。"卡洛斐用了几乎听不清楚的低声，战抖抖地反复着说。

观者之中，有人挤了进来，大叫"伏在地上谢罪！"要想把卡洛斐推下地去。这时，另外又有一人用两腕将他抱住，说："咿呀，诸位！不要如此。这小孩已自己承认了，不要再这样责罚他，不也可以了吗？"那人就是校长先生。先生向着卡洛斐说："快赔礼！"卡洛斐眼中忽然进出泪来，前去抱住老人的膝，老人伸手来摸卡洛斐的头，且抚掠他的头发。大家见了都说：

"孩子！去吧。好了，快回去吧。"

父亲拉着我出了人群，在归路上向我说："安利柯啊！你在这种时候，有自白过失承担责任的勇气吗？"我回答他："我愿这样做。"父亲又重复地问我："你现在能对我立誓说必定这样吗？"我说："是的，立了誓这样做，父亲！"

女教师（十七日）

卡洛斐怕先生责罚他，今天很担心。不料先生今天缺席，连助手先生也没有在校，由一个名叫克洛弥夫人的年龄最大的女先生来代课。这位先生有两个很大的儿子，其中一个正病着，所以她今天很有忧容。学生们见了女先生，就喝起彩来，先生用了和婉的声音说："请你们对我的白发表示些敬意，我不但是教师，还是母亲呢。"于是大家都肃静了，唯有那铁面皮的勿兰谛，还在那里嘲弄着先生。

我弟弟那年级的级任教师代尔卡谛先生，到克洛弥先生所教的一级里去了，另外有个绰号叫"尼姑"的女先生，代着代尔卡谛先生教那级的课。这位女先生平时总穿黑的罩服，是个白皮肤、头发光滑、炯眼、细声的人。无论何时，好像总在那里祈祷，性格很柔和，用那种丝一样的细声说话，听去几乎不能清楚。发大声和动怒那样的事是决没有的。虽然如此，只要略微举起手指训诫，无论怎样顽皮的小孩，也立刻不敢不低了头静肃就范，刹时间教室中就全然像个寺院了，所以大家都称她作"尼姑"。

此外，还有一位女先生，也是我所喜欢的。那是一年级三号教室里的年青的女教师。她脸色好像蔷薇，颊上有着两个笑涡，小小的帽子上插着长而大的红羽，项上悬着黄色的小十字架。她自己本是快活，学生也被她教得变成快活。她说话的声音，像银球转滚，听去和在那里唱歌一样。有时小孩喧扰，她常用教鞭击桌，或是拍手，来镇静他们。小孩从学校回去的时候，她也小孩似的跳着出来，替他们整顿行列，帮他们戴好帽子，外套的扣子不扣的代他们扣好，叫他们不要伤风。恐怕他们路上争吵，一直送他们出了街道。见了小孩的父亲，教他们在家里不要打小孩，见小孩咳嗽，就把药送他，伤风的时候把手套借给他。年幼的小孩们缠住她，或要她接吻，或去抓她的面纱，拉她的外套，吵得她很苦，但她永不禁止，总是微笑着一一地去吻他们。她回家去的时候，身上不论衣服，不论什么，都已被小孩们弄得很不好看，但她仍是快快活活地回去。她又是在女学校教女学生绘画，据说，她用了一人的薪金，抚养着母亲和弟弟呢。

负伤者访问（十八日）

伤了眼睛的老人的侄子，就是帽上插红羽的那位女先生所担任一级里的学生。今天在他叔父家里看见他了，叔父像自己儿子一样地爱着他。今晨，才替先生抄清好下星期要用的每月例话《少年笔耕》，父亲说："我们到那五层楼上去望望那受伤的老人吧，看他的眼睛怎样了。"

我们走进了那暗沉沉的屋里，老人高枕卧着，他那老妻坐在旁边陪着，侄子在屋角游戏。老人见了我们，很欢喜，叫我们坐，说已大好了，受伤的并不是要紧地方，四五日内可全好的。

"只不过受了一些些伤。可怜！那孩子正担心着吧？"老人说。又说医生立刻要来。恰巧门铃响了。他老妻说："医生来了。"前去开门，我看时，来的却是卡洛斐，他穿了长外套，立在门口，低了头好像不敢进来。

"谁？"老人问。

"就是那掷雪球的孩子。"父亲说。

老人听了："嘎！是你吗？请进来！你是来看望我的，是吗？已经大好了，请放心。立刻就复原的。请进来！"

卡洛斐似乎不看见我们也在这里，他忍住了哭走近老人床前去。老人抚摩着他：

"谢谢你！回去的时候，告诉你父亲母亲，说经过情形很好，叫他们不必挂念。"

卡洛斐立着不动，似乎像还有话要说。

"你还有什么事吗？"老人说。

"我，也没有别的。"

"那么，回去吧！再会，请放心！"

卡洛斐走出门口，仍立住了，眼看着送他出去的侄子的脸。忽然从外套里面拿出一件东西交给那侄子，低声地说了一句："这给了你。"就一溜烟去了。

那侄子将东西拿给老人看，包纸上写着"奉赠"。等打开包纸，我见了不觉大惊。那东西不是别的，就是卡洛斐平日那样费尽心血，那样珍爱着的邮票簿。他竟把那比生命还重视的宝物，拿来当作报答原宥之恩的礼品了。

少年笔耕（每月例话）

叙利亚是小学五年级生，十二岁，是个黑发白皮肤的小孩。他父亲在铁路作雇员，在叙利亚以下，还有着许多儿女，一家营着清苦的生计，还是拮据不堪。父亲不以儿女为累赘，一味爱着他们，对于叙利亚，百事依从，唯有对于他在学校的功课，却毫不放松地督促他用功。这因为想他快些毕业，得着较好的位置，来帮助一家生计的缘故。

父亲的年纪已大了，并且因为一向辛苦，面容更老。一家生计，全担在他肩上，他于日间铁路工作以外，又从别处接了书件来抄写，每夜执笔伏案到很迟了才睡。近来，某杂志社托他写封寄杂志给定户的封条，用了大大的正楷字写，每五百条写费六角。这工作好像很辛苦，老人每于食桌上向自己家里人叫苦：

"我眼睛似乎坏起来了。这个夜工，要把我的寿命缩短呢！"

有一天，叙利亚向他父亲说："父亲！我来替你写吧。我也能写得和你一样地好呢。"

但是，父亲终不许可："不要，你应该用你的功，功课在你是大事，就是一小时，我也不愿夺了你的时间的。你虽有这样的好意，但我决不愿累你；以后不要再说这话了。"

叙利亚向来知道父亲的性格，也不强请，只独自在心里想法。他每夜夜半听见父亲停止工作，回到卧室里去。有好几次，十二点钟一敲过，立刻听到椅子向后拖的声音，接着就是父亲轻轻回卧室去的脚步声。一天晚上，叙利亚等父亲去睡了以后，起来悄悄地穿好衣裳，蹑着脚步走进父亲写字的屋间里，把油灯点着。案上摆着空白的纸条和杂志定户的名册，叙利亚就执了笔，仿着父亲的笔迹写起来，心里既欢喜又有些恐惧。写了一会儿，条子渐渐积多，放了笔把手搓一搓提起精神再写。一面动着笔微笑，一面又侧了耳听着动静，怕被父亲起来看见。写到一百六十张，算起来值两角钱了，方才停止，把笔放在原处，熄了灯，蹑手蹑脚地回到床上去睡。

第二天午餐时，父亲很是高兴。原来他父亲是一些不觉着的。每夜只是机械地照簿誊写，十二点钟一敲就放了笔，早晨起来把条子数目一算罢了。那天父亲真高兴，拍着叙利亚的肩说：

"喂！叙利亚！你父亲还着实未老哩！昨晚三小时里面，工作要比平常多做三分之一。我的手还很自由，眼睛也还没有花。"

叙利亚虽不说什么，心里却快活。他想："父亲不知道我在替他写，却自己以为还未老呢。好！以后就这样去做吧。"

那夜到了十二时，叙利亚仍起来工作。这样经过了好几天，父亲依然不曾知道。只有一次，父亲在晚餐时说："真是奇怪！近来灯油突然多费了。"叙利亚听了暗笑，幸而父亲不更说别的，此后他就每夜起来抄写。

叙利亚因为每夜起来，不觉渐渐睡眠不足，朝起觉着疲劳，晚间复习要打瞌睡。有一夜：叙利亚伏在案上睡熟了，那是他生后第一次的打盹。

"喂！用心！用心！做你的功课！"父亲拍着手叫说。叙利亚张开了眼，再去用功复习。可是第二夜，第三夜，又同样打盹，愈弄愈不好：总是伏在书上睡熟，或早晨晏起，复习功课的时候，总是带着倦容，好像对于功课很厌倦了似的。父亲见这情形，屡次注意他，结果至于动气，虽然他是一向不责骂小孩的。有一天早晨，父亲对他说：

"叙利亚！你真对不起我！你和从前，不是变了样子了吗？当心！一家的希望都在你身上呢。你知道吗？"

叙利亚出世以来第一次受着叱骂，很是难受。心里想："是的，那样的事不能够长久做下去的，非停止不可。"

可是，这天晚餐的时候，父亲很高兴地说："大家听啊！这个月比前月多赚六元四角钱呢。"又从食桌抽屉里取出一袋果子来，说是买来一家庆祝的。小孩们都拍手欢乐，叙利亚也因此把心重新振作起来，元气也恢复许多，心里自语道："咿呀！还是再接续做吧。日间多用点功，夜里依旧工作吧。"父亲又接着说："六元四角哩！这虽很好，只有这孩子——"说着指了叙利亚："我实在觉得可厌！"叙利亚默然受着责备，忍住了要迸出来的眼泪，但心里却觉得欢喜。

从此以后，叙利亚仍是拼了命工作，可是，疲劳之上，更加疲劳，终于难以支持。这样过了两个月，父亲仍是叱骂他，对他的脸色更渐渐可怕起来。有一天，父亲到学校去访问先生，和先生商量叙利亚的事。先生说："是的，成绩好是还好，因为他的资质原是聪明的。但是不及以前的热心了，每日总是打着哈欠，似乎要想睡去，思想不能集中在功课上。叫他作文，他只是短短地写了点就算，字体也草率了，他原是可以更好的。"

那夜父亲唤叙利亚到他旁边，用了比平常更严厉的态度对叙利亚说：

"叙利亚！你知道我为了养活一家，怎样地劳动着？你不知道吗？我为了你们，是在把命拼着呢！你竟什么都不想想，也不管你父母兄弟怎样！"

"啊！并不！请不要这样说！父亲！"叙利亚咽着泪说，正要想把经过的一切声明，父亲又来拦住他的话头了：

"你应该知道家里的境况。一家人要刻苦努力才可支持得住，这是你应该早已知道了的。我不是那样努力做着加倍的工作吗？本月我原以为可从铁路局得到二十元的奖金的，已预先派入用途，不料到了今天，才知道那笔钱是没有希望的了。"

叙利亚听了把口头要说的话重新抑住，自己心里反复着说：

"咿呀！不要说，还是始终隐瞒了仍替父亲工作吧。对父亲不起的地方，从别的地方来补报吧。功课原是非用功使他及格不可的，但最要紧的，就是要帮助父亲，养活一家，略微减去父亲的疲劳。是的，是的。"

又过了两个月。儿子仍继续着夜里的工作，日间疲劳不堪，父亲依然见了他就动怒。最可痛的是父亲对于儿子渐渐冷淡。好像以为此子太不忠实，是没有什么希望的了，不多向他说话，甚至不愿看见他。叙利亚见这光景，心痛的了不得，父亲背向了他的时候，他几乎要从背后下拜。悲哀疲劳，使他愈加衰弱，脸色愈苍白，学业也似乎愈不勤勉了。他自己也知道非停止夜工作不可，每夜就睡的时候，常自己对自己说："从今夜起，真是不再夜半起来了。"可是，一到了十二点钟，以前的决心，不觉忽然松懈，好像如果睡着不起，就是避了自己的义务，把家里的钱偷用了两角的样子。于是熬不住了仍旧起来。他以为父亲总有一日会起来看见他。或者偶然在数纸的时候会发觉他的作为的。到了那时，自己虽不声明，父亲自然会知道的吧。他这样想了仍继续着夜夜的工作。

有一天，晚餐的时候，母亲觉得叙利亚的脸色比平常更不好了，说：

"叙利亚！你不是不舒服吗？"说着又向着丈夫：

"叙利亚不知怎么了，你看看他脸色的青——叙利亚！你怎么了吗？"说时现着很忧愁的样子。

父亲把眼向叙利亚一瞟："即使有病也是他自作自受，以前用功的时候，并不如此的。"

"但是，你！这不是因为他有病的缘故吗？"母亲说了，父亲就这样说：

"我早已不管他了！"

叙利亚听了心如刀割。父亲竟不管他了！那个他偶一咳嗽就忧虑得了不得的父亲！父亲确实已不爱他，眼中已没有他这个人了！"啊！父亲！我没有你的爱，是不能生活的！——无论如何，请你不要如此说，我一一说了出来吧，不再欺瞒你了。只要你再爱我，无论怎样，我一定像从前那样地用功的。啊！这次真下决心了！"

叙利亚的决心仍是徒然。那夜因为习惯的力量，又自己起来了。起来以后，就想到几月来工作的地方作最后的一行。进去点着了灯，见到桌上的空白纸条，觉得从此不写，有些难过，就情不自禁地执了笔又开始写了。忽然手动时把一册书碰落在地，那时满身的血液突然集注到心胸里来：如果父亲醒了怎么办！这原也不算是什么做坏事，发现了也不要紧，自己也本来屡次想声明了的。但是，如果父亲现在醒了，走了出来，被他看见了我，母亲将怎样吃惊啊！并且，如果现在被父亲发觉，父亲对于自己这几月来对我的情形，不知要怎样懊悔惭愧啊！——心念千头万绪，一时迭起，弄得叙利亚震栗不安。他侧着耳朵，抑住了呼吸静听，觉得并没有什么响声，一家都睡得静静的，这才放了心，重新工作。门外有警察的皮靴声，还有渐渐远去的马车蹄轮声，过了一会儿，又有货车"轧轧"地通过，自此以后一切仍归寂静，只时时听到远处的犬吠声罢了。叙利亚振着笔写，笔尖的声音"唧唧"地响到自己耳朵里来。

其实，这时父亲早已立在他的背后了。父亲从书册落地的时候，就惊醒，等待了好久，那货车通过的声音，把父亲开门的声音夹杂了。现在，父亲已进那室，他那白发的头，就俯在叙利亚小黑头的上面，看着那钢笔尖的运动。父亲忽然把从前一切的事都恍然了，胸中充满了无限的懊悔和慈爱，只是钉住样地立在那里不动。

叙利亚忽然觉得有人用了震抖着的两腕抱他的头，不觉突然"呀！"地叫了起来。及听出了他父亲的啜泣声，叫着说：

"父亲！原恕我！原恕我！"

父亲咽了泪，吻着他儿子的脸：

"倒是你要原恕我！明白了！一切都明白了！我真对不起你了！快来！"说着抱了他儿子到母亲床前，将他儿子交给母亲腕上：

"快吻这爱子！可怜！他三个月来竟睡也不睡，为一家人劳动！我还只管那样地责骂他！"

母亲抱住了爱子，几乎说不出话来。

"宝宝！快去睡！"又向着父亲："请你陪了他去！"

父亲从母亲怀里抱起叙利亚，领他到他的卧室里，把他睡倒了，替他整好枕头，盖上棉被。

叙利亚好几次地说：

"父亲，谢谢你！你快去睡！我已经很好了。请快去睡吧！"

可是，父亲仍伏在床旁，等他儿子睡熟，携了儿子的手说：

"睡熟！睡熟！宝宝！"

叙利亚因为疲劳已极，就睡去了。几个月来，到今天才得好好地睡一觉，梦魂为之一快。醒来时早晨的太阳已经很高了，忽然发现床沿旁近自己胸部的地方，横着父亲白发的头。原来父亲那夜就是这样过了的，他将额贴近了儿子的胸，还是在那里熟睡哩。

坚忍心（二十八日）

像笔耕少年那样的行为，在我们一级里，只有斯带地做得到。今天学校里有二件事：一件是受伤的老人把卡洛斐的邮票簿送还他了，并且还替他粘了三枚瓜地马拉共和国的邮票上去。卡洛斐欢喜得非常，这是当然的，因为他已寻求了瓜地马拉的邮票三个月了。还有一件是斯带地受二等奖。那个呆笨的斯带地居然和代洛西只差一等，大家都很奇怪！那是十月间的事，斯带地的父亲领了他的儿子到校里来，在大众面前对先生说：

"要多劳先生的心呢，这孩子是什么都不懂的。"当他父亲说这话时，谁会料到有这样的一日！那时我们都以为斯带地是呆子，可是他却不自怯，说着

"死而后已"的话。从此以后，他不论日里、夜里，不论在校里、在家里、在街路上，总是拼命地用功。别人无论说什么，他总不顾，有扰他的时候，他总把他推开，只管自己，这样不息地上进，遂使呆呆的他，到了这样的地位。他起初毫不懂算术，作文时只写着无谓的话，读本也一句都不记得的。现在是算术的问题也能做，文也会做，读本熟得和唱歌一样了。

斯带地的容貌，一看就可知道他有坚忍心的：身子壮而矮，头形方方的像没有项颈，手短而且大，喉音低粗。不论是破报纸，是剧场的广告，他都拿来读熟。只要有一角钱，就立刻去买书，据说自己已设了一个小图书馆，邀我去看看呢。他不和谁闲谈，也不和谁游戏，在学校里上课时候，只把两拳摆在双颊上，岩石样坐着听先生的话。他得到第二名，不知费了多少力呢！可怜！

先生今天样子虽很不高兴，但是把奖牌交给斯带地的时候，却这样说：

"斯带地！难为你！这就是所谓精神一到何事不成了。"

斯带地听了并不表示得意，也没有微笑，回到座位上，比前更认真地听讲。

最有趣的是放课的时候：斯带地的父亲到学校大门口来接，父亲是做针医的，也和他儿子一样，是个矮身方脸、喉音粗大的人，他不相信自己的儿子居然会得奖牌，等先生出来和他说了，才哈哈地笑了拍着儿子的肩头，声音里用了力说：

"好的，好的，竟看你不出，你将来会有希望呢！"我们听了都笑，斯带地却连微笑都没有，只是抱了那大大的头，复习他明日的功课。

感恩（三十一日）

安利柯啊！如果是你的朋友斯带地，决不会说先生的不是的。你今天恨恨地说："先生态度不好。"你自己对于你父亲母亲，不是也常有态度不好的时候吗？先生的有时不高兴是当然的，他为了小孩们，不是劳动了许多年月了吗？学生之中有情义的固然不少，然而也有许多不知好歹，蔑视先生的亲切，轻看先生的劳力的。平均说来，做先生的苦闷胜于满足。无论怎样的圣人，处在那样的地位，能不时时动气吗？并且，有时还要耐了气去教导那生病的学生，那神情的不高兴，是当然的。

应该敬爱先生：因为先生是父亲所敬爱的人，因为是为了学生牺牲着一生的人，因为是开发你精神的人。先生是要敬爱的啊！你将来年纪大了，父亲和先生都去世了，那时，你会在想起你父亲的时候也想起先生来吧？那时想起先生的那种疲劳的样子，那种忧闷的神情，你会觉得现在的不是吧？意大利全国五万的小学校教师，是你们未来国民精神上的父亲，他们立在社会的背后，以轻微的报酬，为国民的进步、发达劳动着。你先生就是其中的一人，所以应该敬爱。你无论怎样爱我，但如果对于你的恩人——特别是对于先生不爱，我决不欢喜。应该将先生看作叔父一样来爱他。不论待你好，或责骂你，都要爱他。不论先生做得对的时候，或是你以为错了的时候，都要爱他。先生高兴，固然要爱，先生不高兴，尤其要爱他。无论何时，总须爱先生啊！先生的名字，永远须用了敬意来称呼，因为除了父亲的名字，先生的名字是世间最尊贵、最可怀慕的名字呢！

——父亲

第四卷 一月

助教师（四日）

父亲的话不错，先生的不高兴，果然是为了有病的缘故。这三天来，先生告假，另外有一位助教师来代课。那是一个没有胡须的像孩子样的先生。今天，学校里发生了一件可耻的事：这位助教师，无论学生怎样地说他，他总不动怒，只说："诸位！请规矩些！"前两日，教室中已扰乱不堪，今天竟弄得不可收拾了。那真是稀有的骚扰。先生的话声，全然听不清，无论怎样晓谕，怎样劝诱，也都像耳边风一样，校长先生曾到门口来探看过两次，校长一转背，骚扰就依然如故。代洛西和卡隆在前面回过头来，向大家使眼色叫他们静些，他们哪里肯静。斯带地独自用手托了头凭在座位上沉思着，那个歪鼻的旧邮票商人卡洛斐呢，正向大家各索铜元一枚，用墨水瓶为彩品，作着彩票。其余有的笑，有的说，有的用钢笔尖钻着课桌，有的用了吊袜带上的橡皮弹掷着纸团。

助教师曾一个一个地去禁止他们。或是捉住他的手，或是拉了他去叫他立壁角。可是仍旧无效。助教师没了法，于是很和气地对他们说：

"你们为什么这样？难道一定要我来责罚你们吗？"

说了又以拳敲桌，用了愤怒而兼悲哀的声音叫"静些！静些!"可是他们仍是不听，骚扰如故。勿兰谛向先生投掷纸团，有的吹着口笛，有的彼此以头相抵触赌力，完全不知道在做什么了。这时来了一个校役，说：

"先生，校长先生有事请你。"

先生现出很失望的样子，立起身匆忙就去。于是骚扰愈厉害起来了。

卡隆忽然站起，他震动着头，捏紧了拳，怒不可遏地叫说：

"停止！你们这些不是人的东西！因为先生好说了一点，你们就轻侮他起来。倘然先生一用腕力，你们就要像狗一样地伏倒在地上哩！卑怯的东西！如果有人再敢嘲弄先生，我要打得他脱落牙齿！就是他父母看见，我也不管!"

大家不响了。这时卡隆的样子，真是庄严堂堂的立着，眼中几乎要怒出火来，好像是一匹发了威的小狮子。他从最坏的人起，一一用眼去盯视，大家都不敢仰起头来。等助教师红了眼进来的时候，差不多肃静得连呼吸的声音都听不出了。助教师见这模样，大出意外，只是呆呆地立住。后来看见卡隆怒气冲冲地立在那里，就猜到了八九分，于是用了对兄弟说话时的那种充满了情爱的声气说："卡隆！谢谢你!"

斯带地的图书室

斯带地家在学校的前面，我到他家里去，一见到他的图书室，就羡慕起来了。斯带地不是富人，虽不能多买书，但他能保存书籍，无论是学校的教科书，无论是亲戚送他的，都好好地保存着。只要手里有钱，都用以买书。他已收集了不少的书了，摆在华丽的栗木的书箱里，外面用绿色的幕布遮着，据说这是父亲给他的。只要将那细线一拉，那绿色的幕布就牵拢在一方，露出三格的书来。各种的书排得很整齐，书背上闪烁着金字的光。其中有故事、有旅行记、有诗集还有画本。颜色配合得极好，远处望去，很是美丽：譬如说，白的摆在红的旁边，黄的摆在黑的旁边，青的摆在白的旁边。斯带地还时常把这许多书的排列变换式样，以为快乐。他自己作了一个书目，俨然是一个图书馆馆长。在家时只管在那书箱旁边，或是拂拭尘埃，或是把书翻身，或是检查钉线。当他用了那粗大的手指，把书翻开，在纸缝中吹气或是作着什么的时候，看了真是有趣。我们的书都不免有损伤，他所有的书却是簇新的。他得了新书，拂拭干净，装入书箱里，不时又拿出来看，把书当作宝贝珍玩，这是他最大的快乐。我在他家里停了一个钟点，他除了书以外，什么都未曾给我看。

过了一会儿，他那肥胖的父亲出来了。手拍着他儿子的背脊，用了和他儿子相像的粗声向我说道：

"这家伙你看怎样？这个铁头，很坚实哩，将来会有点希望吧。"

斯带地被父亲这样地嘲弄，只是像猪犬样地把眼半闭着。不知为了什么，我竟不敢和斯带地嘲笑。他只比我大了一岁，这是无论如何几乎不能相信的。我回来的时候，他送我出门，像煞有介事地说："那么，再会吧。"我也不觉像着大人似的说："愿你平安。"

我到了家里，和我父亲说："斯带地既没有才，样子也不好，他的面貌，令人见了要笑，可是不知为了什么，我一见了他，就会有种种事情教我的。"父亲听了说："这是因为那孩子有真诚的地方的缘故啊。"我又说："到了他家里，他也不多和我说话，也没有玩具给我看。可是我却仍喜欢到他家里去。""这因为你心服那孩子的缘故。"父亲这样说。

铁匠的儿子

是的，父亲的话是真的。我还心服着泼来可西。不，心服这话，还不足表示我对于泼来可西的心情。泼来可西是铁匠的儿子，就是那身体瘦弱，有着悲哀的眼光，胆子小小地向着人只说"原恕我，原恕我"。却是很能用功的小孩。他父亲酒醉回来，据说常要无故地打他，把他的书或笔记簿丢掷的。他常在脸上带了黑痕或青痕到学校里来，脸孔肿着的时候也有，眼睛哭红的时候也有。虽然如此，他无论如何，总不说是父亲打他的。"父亲打过你了。"朋友这样说的时候，他是立刻替父亲掩盖，说："这是没有的事，这是没有的事。"

有一天，先生看见他的作文簿被火烧损了一半了。对他说："这不是你自己烧的吧。"

"是的，我把它落在火里过了。"他回答。其实，这一定是他父亲酒醉回来把桌子或油灯踢翻的缘故。

泼来可西的家，就住在我家屋顶的小阁上。门房时常将他们家里的事情，告诉给我母亲听。雪尔维姊姊有一天听到泼来可西哭。那时据说是他向他父亲要求买文法书的钱，父亲把他从楼梯上踢了下来哩。他父亲一味喝酒，不务正业，一家都为饥饿所苦。泼来可西时常饿了肚皮到学校里来，吃卡隆给他的面包，一年级时教他过的那个戴赤羽的女先生，也曾给他苹果吃过。可是，他决不说"父亲不给与食物"的话的。

他父亲也曾到学校里来过，脸色苍白，两脚抖抖的，一副怒容，发长长地垂在眼前，帽子是歪戴着的。泼来可西在街路上一见父亲，虽怕得发抖，可是就立刻走近前来。父亲呢，并不顾着儿子，好像心里另外在想着什么似的。

可怜！泼来可西把破的笔记簿补好了或是借了别人的书籍用着功。他把破了的衬衣用针贯牢了穿着，拖着太大的皮鞋，系着长得拖到地的裤子，穿着太长的上衣，袖口高高地卷起到肱肘为止：见了他那样子，真是可怜！虽然如此，却很勤勉，如果他在家里能许他自由用功，必定可得优良的成绩的。

今天早晨，他颊上带了爪痕到学校里来，大家见了，说：

"这是你父亲吧，这次可不要再说'这是没有的事'了。把你弄得这步田地的，这一定是你父亲。你可告诉校长先生去，校长先生就会叫了你父亲来替你劝说他的。"

泼来可西跳了起来，红着脸，战抖着怒声说："这是没有的事，父亲是不打我的。"

话虽如此说，后来他究竟在上课时眼泪落到了桌上，有人去看他，他就把眼泪抑住。可怜！他还要硬装笑脸给人看呢！明天代洛西与可莱谛、耐利原定要到我家里来的，打算约泼莱可西一块儿来。我想明天请他吃东西，给他看书，领他到家里各处去玩耍，回去的时候，把果物给他装入袋里带去。那样善良而勇敢的小孩，应该使他快乐快乐，至少一次也好。

友人的来访（十二日）

今天是这一年中最快乐的星期四。正好两点钟的时候，代洛西和可莱谛领了那驼背的耐利来了。泼来可西因为他父亲不许他来，竟没有到。代洛西和可莱谛笑了对我说，在路上曾遇见那卖野菜人家的儿子克洛西，据说克洛西提着大卷心菜，说是要把卖了的钱去买钢笔的。又说，他新近接到父亲不久将自美国回来的信，很欢喜着呢。

三位朋友在我家里留了两小时光景，我却是非常高兴。代洛西和可莱谛是同级中最有趣的小孩，连父亲都欢喜他们。可莱谛穿了茶色的裤子，戴了猫皮的帽，性情活泼，无论何时总是非活动不可，或将眼前的东西移动，或是将它翻身。据说他从今天早晨起，已搬运过半车的柴，可是他却没有疲劳的样子，在我家里跑来跑去，见了什么都注意，口也不住地谈说，完全像松鼠般地活动着。他到了厨房里，问下女每一束柴的买价，据说，他们店里每束是卖二角的。他欢喜讲他父亲在温培尔脱亲王部下从军柯斯脱寨战争时候的事。礼仪很周到。确像我父亲所说：这小孩虽生长在柴店里，但里面却含着真正贵族的血统的。

代洛西讲有趣味的话给我们听。他对地理的熟悉，竟全同先生一样。他闭了眼说：

"我现在眼前好像看见全意大利。那里有亚平宁山脉突出在爱盎尼安海中，河水在这里那里流着，有白色的都会。有湾，有青的内海，有绿色的群岛。"这样顺次把地名背诵，全然像个眼前摆着地图一样。他穿着金纽扣的青色的上衣，举起了金发的头，闭了眼，石像似的直立着的那种丰采，使我们大家看了倾倒。他把明后日大葬纪念日所要背诵的三页光景长的文章，在一小时内记牢，耐利看了也在他那悲愁的眼中现出微笑来。

今天的会集真是快乐，并且还给我在胸中留下了一种火花样的东西。他们三人回去的时候，那两个长的左右夹辅着耐利，携了他的手走，和他讲有趣的话，使一向未曾笑过的耐利笑。我看了真是欢喜。回来到了食堂里，见平日挂在那里的驼背的滑稽画没有了，这是父亲故意除去的，因为恐怕耐利看见。

维多利亚·爱马努爱列王的大葬（十七日）

今天午后二时，我们一进教室，先生就叫代洛西。代洛西立刻走上前去，立在小桌边，向着我们朗诵那篇大葬纪念辞。开始背诵的时候，略微有点不大自然，到后来声音渐渐清楚，脸上充满着红晕。

"四年前今日的此刻，前国王维多利亚·爱马努爱列二世陛下的玉棺，正到着罗马太庙正门。维多利亚·爱马努爱列二世陛下功业实远胜于意大利开国诸王，从来分裂为七小邦，为外敌的侵略及暴君的压制所苦的意大利，到了王的时代，才合为一统，确立了自由独立的基础。王治世二十九年，勇武绝伦，临危不惧，胜利不骄，困逆不馁，一意以发扬国威爱抚人民为务。当王的柩车，在掷花如雨的罗马街市通过的时候，全意大利各部的无数群众，都集在路旁拜观大葬行列。柩车的前面有许多将军，有大臣，有皇族，有一队的仪仗兵，有林也似的军旗，有从三百个都市来的代表者，此外凡是可以代表一国的威力与光荣者，无不加入。大葬的行列，这样地到了庄严的太庙门口，十二个骑兵奉了玉棺入内，一瞬间意大利全国就与这令人爱慕的老国王作最后的告别了，与二十九年来作了国父、作了将军、爱抚国家的前国王，永久地告别了！这实是最崇高严肃的一瞬间！上下目送玉棺，对了那色彩黯然的八十旒的军旗掩面泣下。这军旗实足令人回想到无数的战死者，无数的鲜血，我国最大的光荣，最神圣的牺牲，及最悲惨的不幸来。骑兵把玉棺移入，军旗就都向前倾倒。其中有新联队的旗，也有曾经过了不少的战争而破碎不全的古联队旗。八十条的黑旒，向前垂下，无数的勋章触着旗杆叮咚作响。这响声在群众耳里，好像有千人齐声在那里说：'别了！我君！在太阳照着意大利的时候，君的灵魂永远宿在我们臣民的心胸里！'"

"军旗的头又抬到空中了，我们的维多利亚·爱马努爱列二世陛下，在灵庙之中永享着不朽的光荣了！"

勿兰谛的斥退（二十一日）

代洛西读着维多利亚·爱马努爱列王的悼词的时候，笑的只有一人，就是勿兰谛。勿兰谛真讨厌，他确是坏。父亲到校里来骂他，他反高兴；见人家哭了，他反笑了起来。他在卡隆的面前，胆小得发抖；碰见那怯弱的"小石匠"或一只手不会动的克洛西，就要欺侮他们。他嘲诮大家所敬服的泼来可西，甚至于对于那因救援幼儿跛了脚的三年生洛佩谛，也要加以嘲弄。他和弱小的人吵闹了，自己还要发怒，务必要对手负了伤才爽快。帽子戴得很低，他那深藏在帽缘下的眼光，好像含有着什么恶意，谁都见了要恐惧的。他在谁的面前都不顾虑，对了先生也会哈哈大笑。有机会的时候，偷窃也来，偷窃了东西，却还装出不知道的神气。时常和人相骂，带了大大的钻刺到学校来刺人。不论自己的也好，人家的也好，摘了上衣的纽扣，拿在手里玩。他的纸、书籍、笔记簿都是破污了的，三角板也破碎，钢笔杆头都是牙齿咬过的痕迹，不时咬指甲，衣服不是破就是龌龊。听说，他母亲为了他，曾忧郁得生病，父亲已把他赶出过三次了。母亲常到学校里来探听他的情形，回去的时候，眼睛总是哭得肿肿的。他嫌恶功课、嫌恶朋友、嫌恶先生。先生有时也把他弃之度外，他有不规矩，只是装作不见。他竟因此愈坏起来，先生待他好，他反嘲笑先生；很凶地骂他呢，他用手遮住了脸装假哭，其实在那里暗笑。曾罚他停学三天，再来以后，更加顽皮乱暴了许多。有一天，代洛西劝他："停止，停止！先生怎样为难，你不知道吗？"他胁迫代洛西说："不要叫我刺穿你的肚皮！"

今天，勿兰谛真个像狗一样地被逐出了。先生把每月例话《少年鼓手》的草稿交付卡隆的时候，勿兰谛在地板上放起爆竹来，爆发以后，声音震动全教室，好像枪声，大家大惊。先生也跳了起来：

"勿兰谛！出去！"

"不是我。"勿兰谛笑着假装不知。

"出去！"先生反复地说。

"不愿意。"勿兰谛反抗。

于是，先生大怒，赶到他座位旁，捉住他的臂，将他从座位里拖出。勿兰谛虽咬了牙齿抵抗，终于力敌不过先生，被先生从教室里拉出到校长室里去了。

过了一会儿，先生独自回到教室里，坐在位上，两手掩住了头暂时不响，好像很疲劳的样子。那种苦闷的神气，看了也有些不忍。

"做了三十年的教师，不料竟碰到这样的事情！"先生悲哀地说着，把头向左右摇着。

我们大家静默无语。先生的手还在那里颤抖，额上的皱纹深刻得好像是伤痕。大家都不忍起来。这时代洛西起立：

"先生！请勿伤心！我们都敬爱先生的。"

先生听了也平静了下去，说：

"上课吧！"

少年鼓手（每月例话）

这是一八四八年七月二十四日，柯斯脱寨战争开始第一日的事。我军步兵六十人光景的一队，被派遣到某处去占领一所空屋，忽然受到奥地利二中队的攻击。敌军从四面攻来，弹丸雨一般地飞落，我军只好弃了若干的死伤者，退避入空屋中，闭住了门，上了楼在窗口射击抵御。敌军成了半圆形，步步夹击拢来。我军指挥这队的大尉，是个勇敢的老士官，身材高大，须发都已白了。六十人之中，有一个少年鼓手，赛地尼亚人，年纪虽已过了十四岁，身材却还似连十二岁都不到，是个浅黑色，眼光炯炯的少年。大尉在楼上指挥防战，时时发出尖利如手枪声的号令，他那铁铸般的脸上，一点都没有感情的影子。面相的威武，真足使部下见了战栗。少年鼓手脸已急得发青了，可是还能不手忙脚乱，跳上桌子，探头窗外，从烟尘中去观看白服的奥军近来。

这家屋是筑在高崖上的，向着崖的一面，只有屋顶阁上开着一个小窗，其余都是墙壁。奥军只在另三面攻击，向崖的一面安然无事的。那真是很厉害的攻击，弹丸如雨，破壁、碎瓦、天幕、窗子、家具、门户，一被击就成粉碎。木片在空中飞舞，玻璃和陶器的破碎声，轧啦轧啦地东西四起，听去好像人的头骨正在那里破裂。在窗口射击防御的兵士，受伤倒在地板上，就被拖开到一边。也有用手抵住了伤口，呻吟着在这里那里打圈子走的。在厨房里，还有被击碎了头的死尸，敌军的半圆形只管渐渐地逼近拢来。

过了一会儿，一向镇定自若的大尉，忽然现出不安的神情，带了一个军曹，急忙地出了那室。过了三分钟光景，那军曹跑来同少年鼓手招手。少年跟了军曹急步登上楼梯，到了那屋顶阁里。大尉正倚着小窗拿了纸条写字，脚旁摆着汲水用的绳子。

大尉折叠了纸条，把他那使兵士战栗的、凛然的眼光注视着少年，并且很急迫地叫唤：

"鼓手！"

鼓手举手到帽旁。

"你有勇气吗？"大尉说。

"是的，大尉！"少年答时，眼炯炯地发光。

大尉把少年推近窗口：

"往下面看！近那家屋处有枪刺的光吧，那里就是我军的本队。你拿了这条子，挂下窗去，快快地翻过那山坡，穿过那田坂，跑入我军的阵地，只要一遇见士官，就把这条子交给他。将你的皮带和背包除了！"

鼓手去了皮带、背包，把纸条放入袋中。军曹将绳子放到窗口去，另一端在自己的臂上缠了。大尉将少年扶出了窗，使他背向着外：

"喂！这分队的安危，要由于你的勇气和你的脚力而决定哩！"

"凭我！大尉！"少年回答着下去。

大尉和军曹握住了绳：

"下那山坡的时候，要把身体伏倒了走的啊！"

"放心！"

"但愿你成功！"

鼓手立刻落到地上了。军曹取了绳子就走。大尉好像很不放心的样子，在窗畔踱来踱去，看着少年走下坡去。

已经差不多快要到达成功了。忽然在少年前后数步间发出五六处的烟来，原来已被奥军发现，从高处把少年射击着。少年正拼了命跑，突然倒下在地，"糟了！"大尉咬着牙焦急地自语。正自语间，少年又好好地起立了。"啊，啊！只是跌了一跤！"大尉说着，吐了一口气。少年虽然拼命地跑着，可是一眼望去像有些跛。大尉想："踝骨受了伤哩！"接着烟尘又从少年的近旁起来，都很远，未曾中着，"好呀！好呀！"大尉欢喜得独自叫着，眼仍不离少年。一想到这是千钧一发的事，不觉就要战栗！那条纸如果幸而送到本队，援兵就会到来。万一误事，这六十人只有战死与被俘两条路了。

远远望去：见少年跑了一会儿，忽而把脚步放缓，只是跛着走。及再重新跑起，力气就渐渐衰弱下去，好几次地只是坐倒了休息。

"大概子弹擦过了他的脚了。"大尉一面这样想，一面目不转睛地注视少年的举动，慌急得身体颤抖。他用了要迸出火星来的眼睛，测量着少年的所在地与因日光反射而发着光的枪刺间的距离。楼下呢，只听见子弹穿过东西声，士官与军曹的怒叫声，凄绝的负伤者的哭泣声，器具的破裂声和物件的落下声。

一个士官默默地跑来，说敌军依旧猛攻，已高举起白旗劝诱投降了。

"不要睬他！"大尉说时，眼睛仍不离那少年。少年虽已走到平地，可是已经不能跑了，望去好像只是拖着脚一步一步地勉强走着。

大尉咬紧了牙齿，握紧了拳头："走呀！快走呀！该死的！畜生！走！

走!"过了一会儿，大尉说出可怕的话来了："咿呀! 没用的东西! 坐倒了哩!"

方才还在田坂中望得见的少年的头，忽然不见了，好像已经倒下。隔了一分钟光景，少年的头重新出现，不久为篱笆所阻，已望不见了。

大尉于是急下楼梯，子弹雨一般地在那里飞舞，满室都是负伤者，有的像醉汉似的乱滚，扳住着家具，墙壁和地板上满污染着血迹，许多死骸堆在门口。副官已被子弹打折了手臂，烟和灰尘把周围的东西都笼罩得不清楚了。

大尉高声鼓励着叫说：

"大胆防守，万勿退一步! 援兵快来了! 就在此刻! 当心!"

敌军渐渐逼近，敌兵的头部，已可从烟尘中望见，枪声里面又夹杂着可怕的哄声和骂声。这是敌军在那里胁迫叫喊：快降服，否则不必想活了。我军胆怯起来，从窗口退缩进来。军曹又驱赶他们，迫他们向前，可是防守的火力，渐渐薄弱，兵士脸上，都表现出绝望的神情，再要抵抗，已是不可能的了。这时，敌军忽然把火力减弱，雷轰似的喊叫起来："投降!"

"不!"大尉从窗口回喊。

两军的炮火重新又猛烈了。我军的兵士接连地受伤倒下，有一面的窗已没有人守卫，最后的时间快到了。大尉用了嘶叫的声音："援兵不来了! 援兵不来了!"一面狂叫，一面野兽似的跳着，以颤抖的手挥着军刀，预备战死。这时军曹从房顶阁下来，急促地说：

"援兵来了!"

"援兵来了!"大尉欢声回答。

一听这声音，未负伤的、负伤的、军曹、士官都立刻突进窗口，重新去猛力抵抗敌军。

过了一会儿，敌军似乎气馁，阵势纷乱了起来。大尉急忙收集残兵，叫他们把刺刀套在枪上，预备冲锋，自己跑上楼梯去。这时听到震天动地的呐喊声，和杂乱的脚步声。从窗口望去，意大利骑兵一中队，正用了全速从烟尘中奔来。远看那明晃晃的枪刺，不断地落在敌军头上、肩上、背上。屋内的兵士也抱了枪刺突喊而出，敌军动摇混乱，就开始退却。转瞬间，用了两大队的步兵与两门大炮，把高地占领了过来。

大尉率引残兵回到自己所属的联队里。战争依然继续，在最后一次冲锋的时候，他为流弹所中，伤了左手。

这天战斗的结果，我军胜利。次日起再战，我军虽勇敢对抗，终以寡不敌众，于二十七日早晨，退守泯契阿河。

大尉负了伤，仍率领部下兵士，徒步行进。兵士虽困惫疲劳，却没有一个说不满的话的。日暮，到了泯契阿河岸的哥伊托地方，找寻副官。那副官是伤了手腕，被卫生队所救，比大尉先到这地方来的。大尉走进一所设着临时野战病院的寺院，其中满住着伤兵，病床分作两列，床的上面，还架着床，两个医师和许多助手应接不暇地奔走，触耳都是幽泣声与呻吟声。

大尉一到寺里，就到处探寻副官，这时有人用了低弱的声音叫："大尉。"大尉近身去看，见是少年鼓手，他卧在吊床上，脑部以下覆盖着粗质的窗帘布，苍白而细的两腕露出在布的外面，眼睛仍似宝石样地闪着光。大尉一惊，急促地对他说：

"你在这里？真了不得！你尽了你的本分了！"

"我已尽了我的全力。"少年答。

"你受了什么伤？"大尉再问，一面在眼看附近各床，寻找副官。

"那是万料不到的。"少年回答说。他因为说话，把元气恢复过来了，在这时始觉得负伤在他来说是荣誉。如果没有这满足的快感，他在大尉面前恐怕已没有开口的气力了。"我拼命地跑，原是恐怕被看见，弯着上身的，不料竟被敌人看见了。如果不被射中，应该还可以再快二十分钟的。幸而，逢着参谋大尉，把纸条交给他了。可是，在被射击以后，全然走不动，口也干渴得好像就要死去。要再走上去是无论如何不能的了。愈迟，战死的人将愈多：我一想到这里，几乎要哭起来。还好！我总算拼了命把我的目的达到了，不要替我担心。大尉！你要留心你自己，你流着血呢！"

的确如他所说，滴滴的血，正从大尉臂下绷带里流下手指来。

"请把手交给我，让我替你包好了绷带。"少年说。

大尉伸过左手来，更用右手来扶少年。少年把大尉的绷带解开重新结好。可是，少年因离了枕，面色忽然苍白，不得不就卧下头去。

"好了，已经好了。"大尉见少年那样子，想把包着绷带的手缩回，少年还似不肯放。

"不要顾着我。留心你自己要紧！即使是小小的伤，不注意就要厉害的。"大尉说。

少年把头向左右摇。大尉注视着他：

"但是，你这样困惫，一定是出过许多血了吧？"

"你说出了许多血？"少年微笑着说，"不但血呢，请看这里！"说着把盖着的布揭开。

大尉见了不觉吃惊地倒退了一步。原来，少年已失去了一只脚了！他的左脚已被齐膝截去，切口用血染透了的布包着。

这时，一个矮而胖的军医，穿了衬衣走过，向着少年唧咕了一会儿，对大尉说：

"啊！大尉！这真是出于不得已，他如果不那样坚持支撑，脚是可以保牢的。——引起了非常严重的炎症哩！终于把脚齐膝截断了。但是，真是勇敢的少年！眼泪不流一滴，不惊慌，连喊也不喊一声。我替他做手术的时候，他以意大利男儿自豪哩！他的家世出身一定是很好的！"军医说了急忙地走去。

大尉蹙了那浓而白的两眉，注视少年一会儿，替他依旧将布盖好。眼睛仍不离少年，不知不觉，就慢慢地举手到头边去除了帽子。

"大尉，"少年惊叫，"作什么？对了我！"

一向对于部下不曾发过柔言的威武的大尉，这时竟用了说不出的充满了情爱的声音说道：

"我不过是大尉，而你是英雄啊！"说了这话，便张开了手臂，伏在少年身上，在他胸部吻了三次。

爱国（二十四日）

安利柯啊！你听了少年鼓手的故事，既然感动，那么在今天的测验里，作《爱意大利的理由》题目的文章，定是很容易了。我为什么爱意大利？因为我母系是意大利人，因为我血管里所流着的血是意大利的血，因为我祖先的坟墓在意大利，因为我自己的诞生地是意大利，因为我所说的话、所读的书都是意大利语，因为我的兄弟、姊妹、友人，在我周围的伟大的人们，在我周围的美丽的自然，以及其他我所见、所爱、所研究、所崇拜的一切，都是意大利的东西，所以我爱意大利。这对于祖国的感情，你现在也许尚未能真实理解，将来长大了就会知道的。从外国久客归来，倚在船舷从水天中望见故国的青山，这时，自会涌出热泪或是发出心底的叫声来吧。又，远游外国的时候，偶然在路上听到有人操我国的语言，必会走近去与那说话的人接近吧。外国人如果对于我国有无礼的言语，怒火必从心头突发，一旦和外国有交涉时，对于祖国的爱，格外容易发生吧。战争终止，疲惫的军队凯旋的时候，见了那被弹丸打破了的军旗，见了那裹着绷带的兵士高举着打断了的兵器在群众喝彩声中通过，你的感激欢喜将怎样啊！那时，你自能把爱国的意义真正了解吧。那时，你自会觉到自己与国家一体吧。这实是高尚神圣的感情。将来你为国出战，我愿见你平安凯旋——你是我的骨肉，愿你平安，自不必说。但是，如果你做了卑怯无耻的行径，偷生而返，那么，现在你从学校回来时这样欢迎你的父亲，将以万斛之泪来迎接你，父子不能再如旧相爱，终而至于断肠愤死吧。

——父亲

嫉妒（二十五日）

爱国题的作文，第一仍是代洛西。华梯尼这次满信自己必得一等奖——华梯尼虽有虚荣心，喜阔绰，我却欢喜他，一见到他嫉妒代洛西，就觉得可厌。他平日想和代洛西对抗，拼命地用着功，可是究竟敌不过代洛西，无论那一件，代洛西都要胜他十倍。华梯尼不服，总嘲弄着代洛西。卡罗·诺琵斯也嫉妒代洛西，却只是藏在心里，华梯尼则竟表现在脸上，听说他在家里曾说先生不公平呢。每次代洛西很快地把先生的问话圆满回答出的时候，他总板着脸，垂着头，装着不听见，还要故意地笑。他笑的样子很不好，所以大家都知道。只要先生一称赞代洛西，大家就去对华梯尼看，华梯尼必在那里苦笑的。"小石匠"常常在这种时候，装兔脸给他看。

今天，华梯尼很难为情。校长先生到教室里来报告成绩：

"代洛西一百分，一等奖。"正说时，华梯尼打了一个喷嚏。校长先生见他那神情，就悟到了：

"华梯尼！不要喂着嫉妒的蛇！这蛇是要吃你的头脑，坏你的心胸的。"

除了代洛西，大家都向华梯尼看。华梯尼像是要想回答些什么话，可是究竟说不出来，脸孔青青地，像石头般固定着不动。等先生讲课的时候，他在纸上用了大大的字，写了这样的句子：

"我们不艳羡那由于不正与偏颇而得一等奖的人。"

这是他想写了给代洛西的。坐在代洛西近处的人，都互相私语。有一个竟用纸做成大大的奖牌，在上面画了一条黑蛇，华梯尼全不知道。先生因事暂时出去的时候，代洛西近旁的人，都立起身来，离了座位，要想将那纸奖牌送给华梯尼。教室中一时充满了杀气。华梯尼气得全身发抖。忽然，代洛西说："将这给了我！"把奖牌取来撕得粉碎。恰好，先生回来，即继续上课。华梯尼脸红得像火一样，把自己所写的纸片，搓拢塞入口中，嚼糊了唾在椅旁。功课完毕的时候，华梯尼好像有些昏乱了，走过代洛西座位旁，落掉了吸墨水纸，代洛西好好地代为拾起，替他藏入书包，且结好了袋纽。华梯尼只是俯视着地，不能举起头来。

勿兰谛的母亲（二十八日）

华梯尼的脾气，仍是不改。昨天早晨宗教班上，先生在校长面前问代洛西有否记牢读本中"无论向了那里，我都看见你大神"的句子。代洛西回答说不曾记牢。华梯尼突然说："我知道呢。"说了对着代洛西冷笑。恰好，这时勿兰谛的母亲突然走进教室里来，华梯尼于是没了背诵的机会。

勿兰谛的母亲屏了气息，白发蓬松，全身都被雪打得湿湿的，把那前星期被斥退的儿子推着进来。我们不知道将发生什么事情，大家都咽着唾液。可怜！勿兰谛的母亲跪倒在校长先生面前，合掌恳求着说：

"啊！校长先生！请你发点慈悲，许这孩子再到学校里来！这三天中，我把他藏在家里，如果被他父亲知道，或者要弄死他的。怎样好呢！恳求你！救救我！"

校长先生似乎要想引了她到外面去，她却不管，只是哭着恳求：

"啊！先生！我为了这孩子，不知受了多少苦楚！如果先生知道，必能怜悯我吧。对不起！我怕不能久活了，先生！死是早已预备了的，但总想见了这孩子改好以后才死。确是这样的坏孩子——"她说到这里，呜咽得不能即说下去，"——在我总是儿子，总是爱惜的。——我要绝望而死了！校长先生！请你当作救我一家的不幸，再一遍，许这孩子入学！对不起！看我这苦女人面上！"她说了用手掩着脸哭泣。

勿兰谛好像毫不觉得什么，只是把头垂着，校长先生看着勿兰谛想了一会儿，说：

"勿兰谛，坐在位上吧！"

勿兰谛的母亲把手从脸上放了下来，反复地说了许多感谢的话，连校长先生要说的话，也都被拦住了。她拭着眼睛走出门口，又很速捷地说：

"你要给我当心啊！——诸位！请你们大家原恕了他！——校长先生！谢谢你！你做了好事了！——要规规矩矩的啊！——再会，诸位！——谢谢！校长先生！再会！原恕了这可怜的母亲！"

她走出门口，又回头一次，用了好像恳求的眼色对儿子看了一看才去。脸色苍白，身体已有些向前弯屈，头仍是震着，下了楼梯，就听到她的咳嗽声。

全级又肃静了。校长先生向勿兰谛注视了一会儿，用了极郑重的调子说：

"勿兰谛！你在那里杀你母亲呢。"

我们都向勿兰谛看，那不知羞耻的勿兰谛还在那里笑着。

希望（二十九日）

安利柯！你听了宗教的话回来，跳伏在母亲的怀里那时候的热情，真是美阿！先生和你讲过很好的话了哩！神已拥抱着我们，我俩从此已不会分离了。无论我死的时候，无论父亲死的时候，我们不必再说"母亲，父亲，安利柯，我们就此永诀了吗！"那样绝望的话了，因为我们还可在别个世界相会的。在这世多受苦的，在那世得报；在这世多爱人的，在那世遭逢自己所爱的人。在那里没有罪恶，没有悲哀，也没有死。但是，我们须自己努力，使可以到那无罪恶无污浊的世界去才好。安利柯！是这样的：凡是一切的善行，如诚心的情爱，对于友人的亲切，以及其他的高尚行为，都是到那世界去的阶梯。又一切的不幸，使你与那世界接近。悲哀是可以消罪，眼泪是可以洗去心的污浊的。今天须比昨天好，待人须再亲切一些：你要这样地存心啊！每晨起来的时候，下这样的决心："今天要做良心赞美我的事，要做父亲见了欢喜的事，要做能使朋友先生及兄弟们爱我的事。"并且要向神祈祷，求神给与你实行这决心的力量。

"主啊！我愿善良、高尚、勇敢、温和、诚实，请帮助我！每夜母亲吻我的时候，请使我能说，'母亲！你今夜吻着比昨夜更高尚更有价值的少年哩！'的话。"你要这样的祈祷。

到来世去，须变成天使般清洁的安利柯：无论何时，都要这样存心，不可忘了，并且还要祈祷。祈祷的欢悦在你或许还未能想象，见了儿子敬虔地祈祷，做母亲的将怎样欢喜啊！我见你在祈祷的时候，只觉得实有什么人在那里看着你、听着你的。这时，我能比常时更确信有大慈大悲至善的神存在。因此，我能起更爱你的心，能更忍耐辛苦，能真心宽恕他人的罪恶，能用了平静的心境去想着死时的光景。啊！至大至仁的神！在那世请使能再闻母亲之声，再和小孩们相会，再遇见安利柯——圣洁了而有无限生命的安利柯，作永远不离的拥抱！啊！祈祷吧！时刻祈祷，大家相爱，施行善事，使这神圣的希望，牢印在心里，牢印在我高贵的安利柯的灵魂里！

——母亲

第五卷　二月

授奖（四日）

今天，视学官到学校里来，说是来授奖的。那是一位有白须穿黑服的绅士，在功课将完毕的时候，和校长先生一同到了我们的教室里，坐在先生的旁边，对三四个学生作了一会儿询问。把一等奖的奖牌给与代洛西。又和先生及校长低声谈话。

"受二等奖的不知是谁?"我们正这样想，一面只是默然地咽着唾液。既而，视学官高声说：

"配托罗·泼来可西此次应受二等奖。他宿题、功课、作文、操行，一切都好。"大家都向泼来可西看，心里都替他欢喜。泼来可西张惶得不知如何才好。

"到这里来!"视学官说。泼来可西离了座位走近先生案旁去，视学官用了怜悯的眼光，把泼来可西的蜡色的脸、缝补过的不合身材的服装打量了一会儿，替他将奖牌悬在肩下，口音中含着深情说：

"泼来可西! 今天给你奖牌，并不是因为没有比你更好的人，并且并不单只因为你的才能与勤勉；这奖牌是对于你的心情、勇气及强固的孝行而给的。"说着又向了我们：

"不是吗? 他是这样的吧!"

"是的，是的!"大家齐声回答。泼来可西动着喉好像在那里咽什么，过了一会儿，用了很好的脸色对我们看，那脸上充满了感谢之情。

"好好回去，要更加用功呢!"视学官对泼来可西说。

功课已完毕了，我们一级比别级先出教室，走出门外，见接待室里来了一个想不到的人，那就是泼来可西的做铁匠的父亲。照例苍白着脸，歪戴了帽子，头发长得要盖着眼，脚颤抖抖地立着。先生见了他，向视学官附耳低语，视学官就去找泼来可西，携了他的手，同到他父亲的旁边。泼来可西颤栗起来，学生们都群集在他的周围。

"你是这孩子的父亲吗？"视学官对着铁匠，快活地说，好像和熟识的朋友谈话一样。并且不等他回答，又接续地：

"恭喜！你看！你儿子超越了五十四个同学得了二等奖了。作文、算术，一切都好。既有才，又能用功，将来必定有大事业可成的。他心地善良，为大家所尊敬，真是好孩子！你见了也该欢喜吧。"

铁匠只是张着嘴听着，看看视学官，看看校长，一面又去看那低了头战栗着的自己的儿子。他好像到了这时，才觉得自己从前虐待过儿子，儿子总是振作地忍耐着的。脸上不觉露出茫然的惊讶和难言的情爱，急去抱了儿子的头到自己的胸边来。我们都在他们前面走过。我约泼来可西在下礼拜四和卡隆、克洛西同到我家里来。大家都向他道贺：有的去抱他，有的用手去摸他的奖牌，不论哪个，走过他旁边时，总有一点表示。泼来可西的父亲，用了惊异的眼色注视我们，他还是将儿子的头抱住在胸口，他儿子在那里啜泣着。

决心（五日）

见了泼来可西的取得奖牌，我不觉后悔，我还一次都未曾得过呢。我近来不用功，自己固觉没趣，先生、父亲、母亲对了我也不快活，像从前用功时候的那种愉快，现在已没有了。以前，离了座位去玩耍的时候，好像是已有一个月不曾玩耍的样子，总是高兴跳跃着去的。现在，在全家的食桌上，也没有从前的快乐了。我心里现有着一个黑暗的影，这黑影在里面发声，说："这不对！这不对！"

一到傍晚，就看见许多的小孩杂在工人之间从工场回到家里去。他们虽很疲劳，神情却很快活。他们要想快点回去吃他们的晚餐，都急急地走，用了被煤熏黑或是被石灰染白了的手，大家相互拍着肩头高声谈笑着。他们都是从天明一直劳动到了现在的。其他，比他们还小的小孩，终日在屋顶阁上、炉旁，或是水中、地下劳动，只用一小片的面包充饥的，也尽多尽多。我呢，除了勉强做四页光景的作文以外，什么都不曾做。想起来真是可耻！啊！我自己既没趣，父亲对我也不欢喜，父亲原要责骂我，不过因为爱我，所以还忍耐在那里呢！父亲是一直劳动辛苦到现在了的，家里的东西，那一件不是父亲的劳动换来的？我所用的、穿的、吃的和教我的、使我快活的种种事物，都是父亲劳动的结果。我接受了这一切，却一事不做，只让父亲在那里操心劳力，不去加以丝毫的帮助。啊！不对！这真是不对！这样子不能使我快乐！就从今日起吧！像斯带地那样捏紧了拳咬了牙齿用功吧！拼了命，夜深也不打哈欠，天明就跳起床来吧！不绝地把头脑锻炼，真实地把惰性革除吧！就是病了也不要紧。劳动吧！辛苦吧！像现在这样自己既苦恼而在别人也难过的这种怠倦的生活，决计从今日起停止啊！劳动！劳动！以全心全力用功，拼了命用功！由此，再去得愉快的游戏和快乐的生活吧！由此，再去得那先生的亲切的微笑和父亲的亲爱的接吻吧！"

玩具火车（十日）

今天泼来可西和长隆一道来了。就是见了皇族的儿子，我也没有这样的欢喜。卡隆是头一次到我家，他是个很沉静的人，身材那样长了，还是四年生，被人见了好像是很羞愧的样子。门铃一响，我们都迎出门口去，据说，克洛西因为父亲从美国回来了，不能来。父亲就去与泼来可西亲吻，又介绍卡隆给母亲，说：

"卡隆就是他。他不但是善良的少年，并且还是一个正直重名誉的绅士呢。"

卡隆低了那平顶发的头，看着我微笑。泼来可西依旧挂着那奖牌，听说，他父亲已仍旧开始铁匠工作，这五日来滴酒不喝，时常叫泼来可西到工场去协助劳动，和从前竟如二人了。泼来可西因此也很欢喜。

我们开始游戏了。我将所有的玩具取出给他们看。我的火车好像很中了泼来可西的意。那火车附有车头。只要把发条一开，就自己会动。泼来可西因为未曾见到过这样的火车玩具，见了只自惊异。我把开发条的钥匙交给了他，他只管低了头一心地玩。那种高兴的脸色，是我在他面上所一向未曾见过的。我们都围集在他身边去注视他那枯瘦的项颈，曾有一次出过血的小耳朵，以及他的向里卷短的袖口，细削的手臂。在这时候，我恨不得把我所有的玩具、书物，都送给了他，就是把我自己正要吃的面包，正在穿着的衣服如数送他，也决不可惜。并且还想伏倒在他身旁去吻他的手。我想："至少把那火车送他吧！"但是，又觉得这非和父亲说明不可，正踌躇间，忽然有人把纸条塞到我手里来，一看，原来是父亲。纸条上用铅笔写着：

"你的火车泼来可西见着很欢喜哩！他是不曾有过玩具的，你不设法吗？"

我立刻双手捧了那火车，交在泼来可西的手中：

"把这送你！"泼来可西看着我，好像不懂的样子，我又说：

"是把这送给你的。"

泼来可西惊异起来，一面向着我父亲、母亲那里看，一面问我：

"但是，为什么？"

"因为安利柯和你是朋友，将这送给你，当作你得奖牌的贺礼的。"父亲说。

泼来可西很难为情的样子：

"那么，我可以拿回去吗？"

"自然可以的。"我们大家回答他。泼来可西走出门口时，欢喜得嘴唇发颤，卡隆相帮他把火车包在手帕里。

"什么时候，我引你到父亲的工场里去，把钉子送你吧！"泼来可西向我说。

母亲把小花束插入卡隆的纽孔中，说："给我带去送给你的母亲！"卡隆只是低了头大声地说："多谢！"他那亲切高尚的精神，在眼光中闪耀着。

傲慢（十一日）

偶然在走路的时候，和泼来可西相碰，就要故意用手把袖拂拭的是卡罗·

诺琵斯那家伙。他自以为父亲有钱，一味傲慢。代洛西的父亲也有钱，代洛西却一向不曾以此向人骄傲。诺琵斯有时想一个人占有一条长椅，别人去坐，就要憎嫌，好像于他有玷辱的。他目中看不起人，唇间无论何时，总浮着轻蔑的笑容。排了队出教室时，如果有人践踏着他的脚，那可不得了了。平常一些些的小事，他也要当面骂人，或是恐吓别人，说要叫了父亲到学校里来。其实，他对着卖炭者的儿子骂他的父亲是叫花子的时候，反被自己的父亲责骂过了的。我不曾见过那样讨厌的学生，无论那个，都不和他讲话，回去的时候，也没有人会对他说"再会"的。他忘了功课的时候，教他的连狗也没有，别说人了。他嫌恶一切人，代洛西好像更是他所嫌恶的，因为代洛西是级长。又因为大家欢喜卡隆的缘故，他也嫌恶卡隆。代洛西就是在诺琵斯的旁边的时候，也从不留意这些。卡隆听见有人告诉他诺琵斯在背后说他的坏话时，就说："怕什么，他是什么都不知道的，理他做什么？"

有一天，诺琵斯见可莱谛戴着猫皮帽子，很轻侮地嘲笑他。可莱谛这样说：

"请你暂时到代洛西那里去学习学习礼仪吧！"

昨日，诺琵斯告诉先生，说格拉勃利亚少年践踏了他的脚。

"故意的吗？"先生问。

"不，无心的。"格拉勃利亚少年答辩。于是先生说：

"诺琵斯，你在小小的事情上动怒呢。"

诺琵斯像煞有介事地说：

"我会去告诉父亲的！"

先生怒了："你父亲也一定说你错的。因为在学校里，评定善恶，执行赏罚，全是教师之权！"接着，又和气地继续说：

"诺琵斯啊！从此改了你的脾气，亲切地对待朋友吧。你也早应该知道，这里有劳动者的儿子，也有绅士的儿子，有富的，也有贫的，他们大家都像兄弟样地亲爱着，为什么只有你不肯这样呢？要大家和你要好，是很容易的事，如果这样，自己也会快乐起来哩。对吗？你还有什么要说的话吗？"

诺琵斯依然像平时那样冷笑了听着，先生问他，他只是冷淡地回答："不，没有什么。"

"请坐下，无趣啊！你全没有情感！"先生向他说。

这事总算完结了，不料坐在诺琵斯前面的"小石匠"回头来看诺琵斯，对他装出一个说不出的可笑的兔脸。大家都哄笑了起来，先生虽然喝责"小石匠"，可是自己也不觉掩口笑着。诺琵斯也笑了，不过，却不是十分高兴的笑。

劳动者的负伤（十五日）

诺琵斯和勿兰谛真是无独有偶的。今天，眼见着悲惨的光景而漠不动心的只是他们俩。从学校回去的时候，我和父亲正在观看三年级淘气的孩子们在街路中伏着溜冰，这时街头尽处忽然跑来了大群的人，大家面上都现出忧容，低声地彼此不知谈着些什么。人群之中，有三个警察，后面跟着两个抬担架的。小孩们都从四面聚拢来观看，群众渐渐向我们近来，见那担架中卧着一个皮色青得像死人的男子，头发上都粘着血，耳朵里口里也都有血，一个抱着婴儿的妇人跟在担架旁边，发狂似的时时哭叫："死了！死了！"

妇人的后面还有一个背皮包的男子，也在那里哭着。

"怎么了？"父亲问。据说，这人是做石匠的，在工作中从五层楼上落下来了。担架暂时停下，许多人都把脸避开，那个戴赤羽的女先生把几乎要晕倒的我二年级时的女教师抱住，用身体支持着。这时，有人拍着我肩头，那是"小石匠"，他脸已青得像鬼一样，全身战栗着。这必是想着他父亲的缘故了。我也不觉惦念起他的父亲来。

啊！我可以安心在学校里读书。父亲只是在家里伏着案，所以没有什么危险。可是，有许多朋友就不然了，他们的父亲或是在高桥上工作，或是在机车的齿轮间劳动，一不小心，常要有生命的危险，他们完全和出征军人的儿子一样，所以"小石匠"一见到这悲惨的光景就战栗起来了。先生觉到了这事，就和他说：

"回到家里去！就到你父亲那里去！你父亲是平安的，快回去！"

"小石匠"一步一回头地去了，群众继续行动，那妇人伤心地叫着："死了！死了！"

"咿呀！不会死的。"周围的人安慰她，她好像没有听到，只是披散了头发哭。

这时，忽然有怒骂的声音："什么！你不是在那里笑吗?"

急去看时，见有一个绅士怒目向着勿兰谛，且用了手杖把勿兰谛的帽子掠落在地上：

"除去帽子！蠢货！因劳动而负伤的人正在通过哩！"群众过去了，血迹长长地划在雪上。

囚犯（十七日）

这真是今年一年中最可惊异的事：昨天早晨，父亲领了我同到孟卡利爱利附近去寻借别墅，预备夏季去住。管理那别墅的大门钥匙的是个学校的教师，他引导我们去看了别墅以后，又邀了我们到他的房间里去喝茶。他案上摆着一个奇妙的雕刻的圆锥形的墨水瓶，父亲注意地看着，这先生说：

"这墨水瓶在我是个重宝，其来历很长哩！"他继续着就告诉我们下面的话。

据说：数年前这位先生在丘林时，有一次冬天，曾去到监狱里担任教囚犯的学科过。授课的地方在监狱的礼拜堂里，那礼拜堂是个圆形的建筑，周围有许多小而且高的窗，窗口都用铁栅栏拦住。窗的里面各有一间小室，囚犯就在各自的窗口站立着，把笔记簿摊在窗槛上用功，先生则在暗沉沉的礼拜堂中走来走去地授课。室中很暗，除了囚犯胡髭蓬松的脸孔以外，什么都看不见。这些囚犯之中，有一个七十八号的，比其余的特别用功，感谢着先生的教导。是一个黑须的年轻的人，与其说他是恶人，毋宁说他是个不幸者。他原是个细木工，因为在愤怒中，把刨子投掷一个虐待他的主人，不意误中着头部，致命而死，因此受了几年的监禁罪。他在三个月中，把读写都学会，每日读着书。学问进步，性情也因而变好，已觉悟到自己的罪过，自己痛悔了。有一天，功课完了以后，那囚犯向着先生招手，请先生走近窗口去。说明天就要离开丘林的监狱，被转解到威尼斯的监狱里去了。他向先生告别，且用了含着深情的亲切的语声，请先生让他触一触先生的手。先生伸过手去，他就吻着，说了一声"谢谢"而去，先生缩回手时，据说手上沾着眼泪哩。先生以后就不再看见他了。

先生说了又继续着这样说：

"从此以后过了六年，我差不多已把这不幸的人忘怀了，不料前日，突然来了个不相识的人，黑须，渐花白的头发，粗下的衣装，见着我问：

"'你是某先生吗?'

"'你是那位?'我问。

"'我是七十八号的囚犯。六年前曾蒙先生教我读书写字过的。先生想还记得吧：在最后授课的那天，先生曾将手递给我的。我已满了刑期了，今天来拜望，想送一件纪念品给先生，请把这收下，当作我的纪念! 先生!'

"我只是无言地立着，他以为我不受他的赠品罢，他那注视着我的眼色好像在这样说：

"'六年来的苦刑，还不足拭净这手的不洁吗?'

"他眼色中充满了痛苦，我就伸过手去，接收他的赠品，就是这个。"

我们仔细看那墨水瓶，好像是用钉子凿刻的，真不知要费去多少功夫哩！盖上雕刻着钢笔搁在笔记簿上的花样。周围刻着"七十八号敬呈先生，当作六年间的纪念"几个字。下面又用小字刻着"努力与希望"。

先生已不说什么，我们也就告别。我在回到丘林来的路上，心里总是描绘着那礼拜堂小窗口立着囚犯的光景，那向先生告别时的神情，以及在狱中作成的那个墨水瓶。昨天夜里，就做这事的梦，到今天早晨还是想着。

不料，今天到学校里去，又听到出人意外的怪事。我坐在代洛西旁边，才做好了算术题，就把那墨水瓶的故事告诉代洛西，将墨水瓶的由来，以及雕刻的花样，周围"六年"等的文字，都大略地和他诉说了一番。代洛西听见这话，就跳了起来，看看我，又看看那卖野菜人家的儿子克洛西。克洛西坐在我们前面，正背向了我们在那里一心对付算术。代洛西告诫我："不要声张！"又捉住了我的手：

"你不知道吗？前天，克洛西对我说，他看见过他父亲在美洲雕刻的墨水瓶了。是用手做的圆锥形的墨水瓶，上面雕刻着钢笔杆摆在笔记簿上的花样。就是那个吧？克洛西说他父亲在美洲，其实，在牢里呢。父亲犯罪时，克洛西还小，所以不知道。他母亲大约也不曾告诉他哩。他什么都不知道，还是不使他知道好啊！"

我默然地看着克洛西，这时代洛西正做好算术，从桌下递给克洛西，附给克洛西一张纸，又从克洛西手中取过先生叫他抄写的每月例话《爸爸的看护者》的稿子来，说替他代写。还把一个钢笔尖塞入他的掌里，再去拍他的肩膀。代洛西又叫我对于方才所说的，务守秘密。散课的时候，代洛西急忙地对我说：

"昨天克洛西的父亲曾来接他儿子的，今天也来着吧？"

我们走到大路口，见克洛西的父亲站立在路旁，黑色的胡须，头发已有点花白，穿着粗质的衣服，那无光彩的面上，看去好像正在沉思。代洛西故意地去握了克洛西的手，大声地：

"克洛西！再会！"说着把手托在腮下，我也照样地把腮下托住。

可是，这时我和代洛西脸上都有些红了。克洛西的父亲虽然亲切地看着我们，脸上却呈露出若干不安和疑惑的影子来，我们自己觉得好像胸里正在浇着冷水！

爸爸的看护者（每月例话）

正当三月中旬，春雨绵绵的一个早晨，有一个乡下少年满身沾透了泥水，一手抱着替换用的衣包，到了那不勒斯市某著名的病院门口，把一封信递给管门的，说要会见他新近入院的父亲。少年生着圆脸孔，面色青黑，眼中好像在沉思着什么，厚厚的两唇间，露出雪白的牙齿。他父亲去年离了本国到法兰西去做工，前日回到意大利，在那不勒斯登陆后，忽然患病，遂进了这病院，一面写信给他的妻子，告诉她自己已经回国，及因病入院的事。妻得信后虽很担心，但因为有一个儿子正在病着，还有着正在哺乳的小儿，不能分身，不得已叫顶大的儿子到那不勒斯来探望父亲——家里都称为爸爸。少年是天明动身，步行了三十里的长途，才到了这里的。

管门的把信大略瞥了一眼，就叫了一个看护妇来，托她领了少年进去。

"你父亲叫什么名字？"看护妇问。

少年怕病人已有了变故，一面暗地焦急狐疑，一面颤栗着说出他父亲的姓名来。

看护妇一时记不起他所说的姓名，再问：

"是从外国回来的老年职工吗？"

"是的，职工呢原是职工，老是还不十分老的，新近才从外国回来哩。"少年说时越加担心。

"几时入院的？"

"五天以前。"少年看了信上的日期说。

看护妇暂时回忆了一会儿，突然好像记起了的样子，说："是了，是了，在第四号病室中一直那面的床位里。"

"病得很厉害吗？怎样？"少年焦急了问。

看护妇注视着少年，不回答他，只说："跟了我来！"

少年跟看护妇上了楼梯，到了长廊尽处一间很大的病室里，其中病床分左右二列排着。"请进来。"看护妇说。少年鼓着勇气进去，但见左右的病人都脸色发青骨瘦如柴地卧着。有的闭着眼，有的向上凝视，又有小孩似的在那里哭泣的。薄暗的室中，充满了药气味，两个看护妇拿了瓶匆忙地东西来回走着。

到了室的一隅，看护妇立住在病床的前面，扯开了床幕，说："就是这里。"

少年哭了起来，急把衣包放下，将脸靠近病人的肩头，一手去握那露出在被外的手。病人只是不动。

少年起立了看着病人的状态又哭泣起来。这时，病人忽然把眼张开，注视着少年，似乎有些知觉了，可是仍不开口。病人很瘦，看去几乎已认不出是他的父亲还是不是，头发也白了，胡须也长了，脸孔肿胀而青黑，好像皮肤要破裂似的。眼睛缩小了，嘴唇也加厚了，差不多全不像父亲平日的样子，只有面孔的轮廓和眉间，似乎还有些像父亲。呼吸已只有微微的一点儿。少年叫着：

"爸爸！爸爸！是我呢，不知道吗？是西西洛呢！母亲自己不能来，叫我来迎接你的。请你向我看。你不知道吗？说句话给我听听啊！"

病人对少年看了一会儿，又把眼闭拢了。

"爸爸！爸爸！你怎么了？我就是你儿子西西洛啊！"

病人仍旧不动，只是痛苦地呼吸着。少年哭泣着把椅子拉了拢去坐着等待，眼睛牢牢地注视他父亲。他想："医生想是快来了，那时就可知道详情吧。"一面又独自悲哀地沉思，想起父亲种种的事情来，去年送他下船，在船上分别的光景，他说赚了钱回来，全家一向很欢乐地等待着的情形，接到生病的信后母亲的悲愁，以及父亲死去的状态等，都一一想起，父亲死后，母亲穿了丧服和一家哭泣的样子，也在心中浮现出了。正沉思间，觉得有人用手轻轻地拍他的肩膀，惊着去看时，原来是看护妇。

"我父亲怎么了？"他很急地问。

"这是你的父亲吗？"看护妇亲切地反问。

"是的，我来服侍他的，我父亲患的什么病？"

"不要担心，医生就要来了。"她说着去了，别的也不说什么。

过了半点钟，铃声一响，医生和助手从室的那面来了，后面跟着两个看护妇。医生按了病床的顺序，一一地诊察，费去了不少的工夫。医生愈近拢来，西西洛觉得忧虑也愈重，终于诊察到了接邻的病床了。医生是个身长而背微屈的诚实的老人。西西洛不待医生过来，就立起了身。及医生走到他身旁，他就哭了起来。医生向他注视。

"他就是这位病人的儿子，今天早晨从乡下来的。"看护妇说。

医生把一只手搭在少年肩上，向病人俯伏了检查脉搏，手摸头额，又向看护妇问了经过状况。

"也没有什么特别变化，仍照前调理他就是了。"医生对看护妇说。

"我父亲怎样？"少年鼓了勇气，含着泪问。

医生又将手放在少年肩上：

"不要担心！脸上发了丹毒了。虽是很厉害，但还有希望。请你当心服侍他！有你在旁边，真是再好没有了。"

"但是，我和他说，他一点儿不明白呢。"少年呼吸急迫地说。

"就会明白吧，如果到了明天。总之，病是应该有救的，请不要伤心！"医生安慰他说。

西西洛还有话想问，只是说不出来，医生就走了。

从此，西西洛就一心服侍他爸爸的病了。别的原不会做，或是替病人整顿枕被，或是时常用手去摸病体，或是赶去苍蝇，或是呻吟的时候，去看病人的脸，看护妇送汤药来时，就取了调匙代为灌喂。病人时时张眼看西西洛，可是好像仍不明白，不过每次注视他的时间，觉渐渐地长了些起来，西西洛用手帕遮住了眼哭泣的时候，病人总是凝视着他的。

这样过去了一天，到了晚上，西西洛拿两把椅子在病室的一角拼着当床睡了，天亮，就起来看护。这天病人的眼色，好像已有些省人事了，西西洛说种种安慰的话给病人听，病人在眼中似乎露出感谢的神情来。有一次，竟把嘴唇微动，好像要说什么话，暂时昏睡了去，忽又张开眼来找寻看护他的人。医生来看过两次，说觉得好了些了。傍晚，西西洛把茶杯拿近病人嘴边去的时候，那唇间已露出微微的笑影。于是西西洛自己也高兴了些，和病人说种种的话。把母亲的事情，妹妹们的事情，以及平日盼望爸爸回国的情形等都说给他听，又用了深情的言语，劝慰病人。懂吗？不懂吗？这样自己疑怪的时候也有，但总继续地和他说。病人虽不懂西西洛所说的话，似乎因喜听西西洛的带着深情含着眼泪的声音，所以总是侧耳听着。

第二日，第三日，第四日，都这样过去了，病人的病势才觉得好了一些，忽而又变坏起来，反复不定。西西洛尽了心力服侍，看护妇虽每日两次送面包或干酪来，也只略微吃些就算，除了病人以外，什么都如不见不闻。像病人之中突然有危笃的人了，看护妇深夜跑来，访病的亲友聚在一处痛哭等一切病院中惨痛的情景，在他也竟不留意。每日每时，他只一心对着爸爸的病，无论是轻微的呻吟，或是病人的眼色略有变化，他都会心悸起来。有时觉得略有希望，可以安心，有时又觉得难免失望，如冷水浇心，左右使他陷入烦闷。

到了第五日，病人忽然沉笃起来了，去问医生，医生也摇着头，表示难望有救，西西洛倒在椅下啜泣。可以使人宽心的是病人病虽转重，似乎神志已清了许多。他热心地看着西西洛，且露出欢悦的脸色来，不论药物饮食，别人喂他都不肯吃，除了西西洛。有时口唇也会动，似乎想说什么。西西洛当病人如此时，就去扳住他的手，很快活地这样说：

"爸爸！好好地，就快痊愈了！就要回到母亲那里去了！快了！好好地！"

这日下午四点钟光景，西西洛依旧在那里独自流泪，忽然听见室的外侧有脚步声。

"阿姐！再会！"同时又听见这样的话声。这话声使西西洛惊跳了起来，暂时勉强地把已在喉头的叫声抑住。

这时，一个手里缠着绑带的人走进室中来，后面有一个看护妇跟着送他。西西洛立在那里，发出尖锐的叫声，那人回头一看见西西洛，也叫了起来：

"西西洛！"一面箭也似的飞近拢去。

西西洛倒伏在他父亲的腕上，情不自禁地啜泣。

看护妇都围集拢来，大家惊怪。西西洛仍是泣着。父亲吻了儿子几次，又注视了那病人。

"呀！西西洛！这是哪里说起！你错到了别人那里了！母亲来信说已差西

西洛到病院来了，等了你好久不来，我不知怎样地担忧啊！啊！西西洛！你几时来的？为什么会有这样的错误？我已经痊愈了，母亲好吗？孔赛德拉呢？小宝宝呢？都怎样？我现在正出院哩！大家回去吧！啊！天啊！谁知道竟有这样的事！"

西西洛想说家里的情形，可是竟说不出话。

"啊！快活！快活！我曾病得很危险了呢！"父亲说了，不断地吻着儿子，可是儿子只是立着不动。

"去吧！到夜还可赶到家里呢。"说着，要想拉了儿子走，西西洛回视那病人。

"怎么？你不回去吗？"父亲奇怪地催促着。

西西洛又回顾病人，病人也张大了眼注视着西西洛。这时，西西洛不觉从心坎里流出这样的话来。

"不是，爸爸！请等我一等！我不能回去！那个爸爸啊！我在这里住了五天了！将他当作爸爸了的。我可怜他，你看他在那样地看着我啊！什么都是我喂他吃的。他没有我，是不好的。他病得很危险，请等待我一会儿，我无论如何，今天是不能回去的。明天回去吧，等我一等。我不能弃了他走。你看，他在那样地看我呢！他不知是什么地方人，我走了，他就要独自一个人死在这里了！爸爸！暂时请让我再留在这里吧！"

"好个勇敢的孩子！"周围的人都齐声说。

父亲一时决定不下，看看儿子，又去看看那病人。问周围的人："这人是谁？"

"也是个同你一样的乡间人，新从外国回来，恰和你同日进院的。送到病院来的时候，已什么都不知道，话也不会说了。家里的人大概都在远处，他将你的儿子当着自己的儿子呢。"

病人仍是看着西西洛。

"那么，你留在这里吧。"父亲向他儿子说。

"也不必留长久了呢。"看护妇低声地说。

"留着吧！你真亲切！我先回去，好叫母亲放心。这两块钱给你作零用。那么，再会！"说毕，吻了儿子的额，就出去了。

西西洛回到病床旁边，病人似乎就安心了。西西洛仍旧从事看护，哭是已经不哭了，热心与忍耐仍不减于从前。递药呀，整理枕被呀，把手去抚摸呀，用言语安慰他呀，从日到夜，一直陪待在旁。到了次日，病人渐渐危笃，呻吟苦闷，热度骤然增加。傍晚医生来诊，说今夜恐怕难过。西西洛越加注意，眼不离病人；病人也只管看着西西洛，时时动着嘴唇，像要说什么话。眼色有时也很和善，只是眼瞳渐渐缩小而且昏暗起来了。西西洛那夜彻夜服侍他，天将明的时候，看护妇来，一见病人的光景，急忙跑去。过了一会儿，助手就带了看护妇来。

"已在断气了。"助手说。

西西洛去握病人的手，病人张开眼向西西洛看了一看，就把眼闭了。

这时，西西洛觉得病人在紧握他的手，喊叫着说："他紧握着我的手呢！"

助手俯身下去观察病人，不久即又仰起。

看护妇从壁上把耶稣的十字架像取来。

"死了！"西西洛叫着说。

"回去吧，你的事完了。你这样的人是有神保护的，将来应得幸福，快回去吧！"助手说。

看护妇把窗上养着的堇花取下交给西西洛：

"没有可以送你的东西，请拿了这花去当作病院的纪念吧！"

"谢谢！"西西洛一手接了花，一手拭眼。"但是，我要走远路呢，花要枯掉的。"说着将花分开了散在病床四周：

"把这留了当作纪念吧！谢谢，阿姐！谢谢，先生！"又向着死者：

"再会！……"正出口时，忽然想到如何称呼他？踌躇了一会儿，那五日来叫惯了的称呼，不觉就脱口而出：

"再会！爸爸！"说着取了衣包，忍住了疲劳，倦倦地慢慢地出去。天已亮了。

铁工场（十八日）

泼来可西昨晚来约我去看铁工场，今天和父亲出去的时候，父亲就领我到泼来可西父亲的工场里去。我们将到工场，见卡洛斐抱了个包从内跑出，衣袋里仍是藏着许多东西，外面用外套罩着。哦！我知道了，卡洛斐时常用炉屑去掉换旧纸，原来是从这里拿去的！走到工场门口，泼来可西正坐在砖瓦堆上，把书放在膝上用功呢。他一见我们，就立起招呼引导。工场宽大，里面到处都是炭和灰，还有各式各样的锤子、铗子、铁棒及旧铁等类的东西。屋的一角燃着小小的炉子，有一少年在拉风箱。泼来可西的父亲站在铁砧面前，另一年青的汉子正把铁棒插入炉中。

那铁匠一见我们，脱去了帽：

"难得请过来，这位就是送小火车的哥儿！想看看我们做工的吧，就做给你看。"说着微笑。以前的那种怕人的神气，凶恶的眼光，已经没有了。年青的汉子将赤红的铁棒取出，铁匠就在砧上敲打起来。所做的是栏杆中的曲干，用了大大的锤，把铁各方移动，各方敲打。一瞬间，那铁棒就弯成花瓣模样，其手段的纯熟，真可佩服。泼来可西很得意似的向我们看，好像是在说："你们看！我的父亲真能干啊！"

铁匠把这作成以后，擎给我们看：

"怎么样？哥儿！你可知道做法了吧？"说着把这向旁安放，另取新的铁棒插入炉里。

"做得真好！"父亲说，"你这样劳动，已恢复了从前的元气了吧？"

铁匠略红了脸，拭着汗：

"已能像从前一样地一心劳动了。我能改好到这地步，你说是谁的功劳？"

父亲似乎一时不了解他的问话，铁匠用手指着他自己的儿子：

"全然托了这家伙的福！做父亲的只管自己喝酒，像待狗样地恶待他，他却用了功把父亲的名誉恢复了！我看见那奖牌的时候——喂！小家伙！走过来给你父亲看看！"

泼来可西跑近父亲身旁，铁匠将儿子抱到铁砧上，携了他的两手说：

"喂！你这家伙！还不把你父亲的脸揩拭一下吗？"

泼来可西去吻他父亲墨黑的脸孔，自己也惹黑了。

"好！"铁匠说着把儿子重新从砧上抱下。

"真的！这真好哩！泼来可西！"我父亲欢喜地说。

我们辞别了铁匠父子出来。泼来可西跑近我，说了一句"对不起！"一边将一束小钉塞入我的袋里。我约泼来可西于谢肉节到我家里来玩。

到了街路上，父亲和我说：

"你曾把那火车给了泼来可西，其实，那火车即使用黄金制成，里面装满了珍珠，对于那孩子的孝行，还嫌是很轻微的赠品呢！"

小小的卖艺者（二十日）

谢肉节快过完了，市上非常热闹。每一处空地里都搭着做戏法或说书的棚子。我们的窗下，也有一个布棚，从威尼斯来的马戏班，带了五匹马在这里卖艺。棚设在空地的中央，棚的一旁停着三辆马车。卖艺的睡觉、化装，都在这车里。竟好像是三间房子，不过附有轮子罢了。马车上各有窗子，又各有烟囱，不断地冒着烟。窗间晒着婴儿的衣服，女人有时抱了婴孩哺乳，有时弄食物，有时还要走绳。可怜！平常说起变戏法的，好像不是人，其实，他们把娱乐供给人们，很正直地过着日子哩！啊！他们是何等勤苦啊！在这样的寒天，终日只穿了一件汗衣在布棚与马车间奔走。立着身子吃一口或两口的食物，还要等休息的时候。棚里观众集拢了以后，如果一时起了风，把绳吹断或是把灯吹黑，一切就都完了！他们要付还观众的戏票钱，谢去观众，再连夜把棚子修好。这个戏法班中有两个小孩。其中小的一个，在空地里行走的时候，我父亲看见他，知道就是这个班主的儿子，去年在维多利亚·爱马努爱列馆，乘马卖艺，我们曾看见过他的。已经大了许多了，大约八岁是有了吧。他生着聪明的圆脸，墨黑的头发在圆锥形的帽子外露出。小丑打扮，上衣的袖子是白的，衣上绣着黑的花样，足上是布鞋子。那真是一个快活的小孩，大家都喜欢他。他什么都会做。早晨起来披了围巾去拿牛乳呀，从横巷的暂租的马房里牵出马来呀，管婴孩呀，搬运铁圈、踏凳、棍棒及线网呀，打扫马车呀，点灯呀，都能干。空闲的时候呢，却只是缠在母亲身边。我父亲时常从窗口去看他，只管说起关于他的话。他的两亲似乎有许多地方也不像下等人，据说很爱他的。

晚上，我们到棚里去看戏法，这天很寒冷，观众不多。可是那孩子要想使这少数的观众欢喜，非常卖力。或从高处飞跳下地来，或拉住马的尾巴，或独自走绳，且在那可爱的黑脸上浮了微笑唱歌。他父亲着了赤色的小衣和白色的裤子，穿了长靴，拿了鞭，看着自己的儿子玩把戏，脸上似乎带着悲容。

我父亲很替那小孩子可怜，第二天，和来访的画家代利斯谈起：

"他们一家真是拼命地劳动着，可是生意不好，很困苦着吧！尤其是那小孩子，我很欢喜他。可有什么帮助他们的方法吗?"

画家拍着手：

"我想到了一个好方法了！请你写些文章投寄《格射谛报》，你是个能作文章的，可将那小艺人的绝艺巧妙地描写出来，我来替那孩子画肖像吧。《格射谛报》是没有人不看的，他们的生意一定立刻会发达哩。"

于是，父亲执了笔作起文章来，把我们从窗口所看见的情形等，很有趣地、很动人地写了；画家又画了一张与真面目无二的肖像，登入星期六晚报。居然，第二天的日戏，观众大增，场中几乎没有立足的地方。观众手里都拿着《格射谛报》，有的给那孩子看，孩子欢喜得东蹦西跳，班主也大为欢喜，因为他们的名字一向不曾被登入报里过。父亲坐在我的旁边，观众中有许多相识的人，近马的入口，有体操先生立着，就是那曾在格里波底将军部下的。我的对面，"小石匠"翘着小小的圆脸孔，靠在他那大大的父亲身旁。他一看见我，立刻装出兔脸来。再往那面点，卡洛斐在着，他屈了手指在那里计算观众与戏资的数目哩。靠我们近旁，那可怜的洛佩谛倚在他父亲炮兵大尉身上，膝间放着拐杖。

把戏开场了。那小艺人在马上、踏凳上、绳上，演出各样的绝技。他每次飞跃下地，观众都拍手，还有去摸他的小头的。别的艺人，也轮番地献出种种的本领，可是观众的心目中都只有他，他不出场的时候，观众都像很厌倦似的。

过了一会儿，在马的入口的近处立着的体操先生，靠近了班主的耳朵，不知说了些什么，又寻人也似的把眼四顾，终而向着我们看。大约他在把新闻记事的投稿者是谁报告班主吧。父亲似乎怕受他们感谢，对我说：

"安利柯！你在这里看吧，我到外面等你。"出场去了。

那孩子和他父亲谈说了一会儿，又来献种种的技艺。立在飞奔的马上，装出参神、水手、兵士及走绳的样子来，每次经过我面前时，总向我看。一下了马，就手执了小丑的帽子在场内环走，观众有的投钱在里面，也有投给果物的，我正预备着两个铜元，想等他来时给他，不料他到了我近旁，不但不把帽子擎出，反缩了回去，只是目视着我走过去了。我很不快活，心想，他为什么如此呢？

把戏完毕，班主向观众道谢后，大家都起身拥出场外。我被挤在群众中，正出场门的时候，觉着有人触我的手。回头去看，原来就是那小艺人。小小的黑脸孔上垂着黑发，向我微笑，手里满捧了果子。我见了他那样子，方才明白他的意思。

"你不肯稍微取些果子吗？"他用了他的土音说。

我点了点头，取了二三个。

"请让我吻你一下！"他又说。

"请吻我两下！"我抬过头去，他用手拭去了自己脸上的白粉，把腕勾住了我的项颈，在我颊上接了两次吻，并且说：

"这里有一个请带给你的父亲！"

谢肉节的末日（二十一日）

今天化装行列通过，发生了一件非常悲惨的事情，幸而结果没有什么，不曾造成了意外的灾祸。桑·卡洛的空地中，聚集了不知多少的用红花、白花、黄花装饰着的人。各色各样的化装队来来往往巡游，有装饰成棚子的马车，有小小的舞台，还有乘着小丑、兵士、厨司、水手、牧羊妇人等的船，混杂得令人看都来不及看。喇叭声、鼓声，几乎要把人的耳朵震聋。马车中的化装队，或饮了酒跳跃，或和行人及在窗上望着的人们攀谈。同时，对手方面也竭力发出大声来回答，有的投掷橘子、果子给他们。马车上及群众的头上，只看见飞扬着的旗帜，闪闪发光的帽子，颤动的帽羽，及摇摇摆摆的厚纸盔。大喇叭呀，小鼓呀，几乎闹得天翻地覆。我们的马车进入空地时，恰好在我们前面有一辆四匹马的马车。马上都带着金镶的马具，并且用纸花装饰着。车中有十四五个绅士，扮成法兰西的贵族，穿着发光的绸衣，头上戴着白发的大假面和有羽毛的帽子。腰间挂着小剑，胸间用花边、苏头等装饰着。样子很是好看。他们一齐唱着法兰西歌，把果子投掷给群众，群众都拍手喝彩起来。

这时，突然有一个男子从我们的左边过来，两手抱了一个五六岁的女孩，高高地擎出在群众的头上。那女孩可怜已哭得不成样子，全身起着痉挛，两手颤栗着。男子挤向绅士们马车旁去，见车中一个绅士弯了身注视他，他就大声叫道：

"替我接了这小孩，这是一个迷了路的。请你将她高举起来，她的母亲大概就在这近旁吧，就会寻着她吧。除此也没有别的方法了！"

绅士抱过小孩去，其他的绅士们也不再唱歌了。小孩拼命地哭着，绅士把假面除了，马车缓缓地前进。

事后听说：这时空地的那面，有一个贫穷的妇人，发狂似的在群众中挤来挤去，哭着喊着：

"玛利亚！玛利亚！我不见了女儿了！被拐了去了！被人踏死了！"

这样狂哭了好一会儿，被挤在群众之中，只是来往焦躁。

车上的绅士，将小孩抱住在他用花边、苏头装饰着的胸怀里，一面眼向四方环看，一面逗诱着小孩，小孩不知自己到了什么地方了，只用手遮住了脸，啜泣得几乎要把小胸膛裂破。这啜泣声似乎很打击了绅士的心了，使绅士烦恼得手足无措。其余的绅士们想把果子、橘子等给与小孩，幼儿却用手推开，愈加哭泣得厉害起来。

绅士向着群众叫喊："替我找寻那做母亲的！"大家都向四方留心，总不见有像她母亲的人。一直到了罗马街，始看见有一个妇人向马车方面追赶过来。啊！那时的光景，我永远不会忘记的！那妇人已不像个人样，发也乱了，脸也歪了，衣服也破了，喉间发出一种怪异的声音，——差不多分辨不出是快乐的声音还是苦闷的声音来，奔近车前，突然伸出两手想去抱那小孩，马车于是停止了。

"在这里呢。"绅士说了将小孩吻了一下，递给她母亲手里。母亲狂也似的抱过去贴紧在胸前，可是小孩的一只手还放在绅士的手里。绅士从自己的右手上脱下一个镶金刚石的指环来，很快地套在小孩指上：

"将这给了你，当作将来的嫁妆吧！"

那做母亲的呆了，化石般立着不动，群众的喝彩声，四面八方都响起来了，绅士于是重新把假面戴上，同伴们又唱起歌来，马车慢慢地从拍手喝彩声中移动了。

盲孩（二十四日）

我们的先生大病，五年级的先生来代课了。这位先生以前曾经做过盲童学校里的教师，是学校当中年纪最大的先生。头发的白，几乎像棉花作成的假发，说话的调子很妙，好像在唱着悲歌。可是，讲话很巧，并且熟悉种种的世事。一入教室，看见一个眼上缚着绷带的小孩，就走近他的身旁去，问他患了什么。

"眼睛是要注意的！我的孩子啊！"这样说。于是代洛西问先生：

"听说先生曾做过盲童学校里的先生，真的吗？"

"呃，曾做过四五年。"

"可以将那里的情形讲给我们听听吗？"代洛西低声说。

先生回到自己的座位上了。

"盲童学校在维亚尼塞街哩。"可莱谛大声地说。

先生于是静静地开口了。

"你们说'盲童，盲童'，好像很是平常。你们能真懂得'盲'字的意味吗？请想想看，盲目！什么都不见，昼夜也不能分别，天的颜色，太阳的光，自己父母的面貌，以及在自己周围的东西，自己手所碰着的东西，一切都不能看见。说起来竟好像是一出世就被埋在土里，永久住在黑暗之中的样子。啊！你们暂时闭住了眼睛看！并想象终身都非这样不可的情境看！如此你们就会觉得心里难过起来，可怕起来吧！觉得无论怎样也忍耐不住，要哭泣起来，或是发狂而死了吧！虽然如此，你们初到盲童学校去的时候，在休息时间中，可以看见盲童在这里那里弄小提琴呀，吹笛呀，大踏步地上下楼梯呀，在廊下或寝室奔跑呀，大声地互相谈说呀，你们也许觉得他们的境遇，并不怎样不幸吧！其实，真正的情况，非用心细察，是不会明白的。他们在十六七岁时期中，很多意气旺盛的少年，好像不怎么以自己的残废为痛苦的。可是，我们见了他们那种高慢自矜的神情，愈可知道他们到将来意识到自己的不幸这中间，要经过多少的难过啊！其中也有可怜地青着脸，似乎已意识到了自己的不幸的人，他们虽已意识到，但总现出痛苦的样子，我们一定可以想见他们有暗泣的时候的。啊！诸君！这里面有只患了二三日的眼病就盲了的，也有经过几年的疾病，受了可怖的手术，终于盲了的。还有，出世就盲的，这竟像是生于夜的世界，完全如生活在大坟墓之中了。他们不曾见过人的脸是怎样。你们试想：他们一想到自己与别人的差别，自己问自己'为什么有差别？啊！如果我们眼睛是亮的……'的时候，将怎样苦闷啊！怎样烦恼啊！"

"在盲童中生活过几年的我，记得出永远闭锁着眼的无光明无欢乐的那些小孩们。现在见了你们，觉得你们之中无论哪一个，都不能说是不幸的。试想：意大利全国有二万六千个盲人啊！就是说，不能见光明的有二万六千人啊！知道吗？如果这些人排成行列，在这窗口通过，要费四小时光景哩！"

先生到此把话停止了。教室立刻肃静。代洛西问："盲人的感觉，据说是比一般人灵敏，真的吗？"

先生说：

"是的，眼以外的感觉是很灵敏的。因为无眼可用，多用别的感觉来代替眼睛，当然是会特别熟练了。天一亮，寝室里的一个盲童就问：'今天有太阳吧？'那最早穿好了衣服的即跑出庭中，用手在空中查察日光的有无以后，跑回来回答问的说：'有太阳的。'盲童还能听了话声辨别出说话的人的长矮来。我们平常都是从眼色上去看别人的心，他们却能听了声音就会知道。他们能把人的声音记忆好几年，一室之中，只要有一个人在那里说话，其余的人虽不作声，他们也能辨别出室中的人数来。他们能碰着食匙就知其发光的程度，女的孩子则能分别染过的毛线与不染过的毛线。排成二列在街上行走的时候，普通的商店，他们能闻了气味就知道，陀螺旋着的时候，他们只听了那鸣鸣的声音，就能一直走过去取在手里。他们能旋环子，跳绳，用小石块堆筑房屋，采堇花，用了各种的草很巧妙地编织席或篮子。——他们的触觉练习得这样敏捷，触觉就是他们的视觉。他们最喜探摸物的形状。领他们到了工业品陈列所去的时候，那里是许可他们摸索一切的，他们就热心地奔去捉摸那陈列的几何形体呀，房屋模型呀，乐器等类，用了惊喜的神气，从各方面去抚摸，或是把它翻身，探测其构造的式样！在他们叫做'看'。"

卡洛斐插言，把先生的话头打断，问盲人是否真的擅长计算的。

"真的啰。他们也学算术与语文。课本也有，那文字是突出在纸上的，他们用手摸了去读。读得很快呢！他们也能写，不用墨水，用针在厚纸上刺成小孔，因为那小孔的排列式样，就可代表各个字母。只要把厚纸翻身，那小孔就突出在背后，可以摸着读了。他们用此作文、通信、数字，也用这方法写了来计算。他们心算很巧，这因为眼睛一无所见、心专一了的缘故。盲孩读书很热心，一心把它记熟，连小小的学生，也能就历史、语文上的事情，大家互相议论。四五个人在长椅上坐了，彼此眼不见谈话的对手在那里，第一位与第三位做了一组，第二位与第四位又成了一组，大家高声间隔地同时谈话，一句都不会误听。"

"盲童比你们更看重试验，与先生也很亲热。他们能根据脚步声和气味，认识先生。只听了先生一句话，就能辨别先生心里是高兴或是懊恼。先生称赞他们的时候，都来扳着先生的手或臂，高兴喜乐。他们在同伴中友情又极好，总在一处玩耍。在女子学校中，是按照乐器的种类自己组织团体的，有什么小提琴组、钢琴组、箫笛组，各自集在一处玩弄，要使她们分离，不是容易的事。他们判断也正确，善恶的见解也明白，听到真正善意的话，会发出惊人的热心来。"

华梯尼问他们会不会善于使用乐器。

"非常喜欢音乐，音乐是他们的快乐，音乐是他们的生命。才入学的小小的盲孩，已会站立了听三小时光景的演奏，他们立刻就能学会，而且用了火样的热心去做。如果对他们说'你音乐不好啰！'他们就很失望，但因此更拼命去学习了。把头后仰了，嘴上绽着微笑，红着脸，含着感情，在那黑暗的周围中一心神往地听着谐和的曲调：见了他们那种神情，就可知音乐是何等神圣的安慰了。对他们说，你可成音乐家，他们就发出欢声露出笑脸来。音乐最好的——小提琴拉得最好或是钢琴弹得最好的人，被大家敬爱得如王侯。如果遇到争执，就齐集到他那里，求他评判，在他那里学音乐的小学生，把他当作父亲看待，晚上睡觉的时候，大家都要对他说了'请安息！'才去睡。他们一味谈着音乐的话，夜间在床上是这样，日间疲劳得要打盹的时候，也仍低声谈说歌剧、音乐的名人，乐器或乐队的事。禁止读书与音乐，在他们是最严重的处罚，那时他们的悲哀，使人见了不忍再将那种的责罚加于他们。好像光明在我们的眼睛里是不能缺的东西一样，音乐在他们也是不能缺的东西。"

代洛西问我们可以到盲童学校里去看吗？

"可以去看的。但是你们小孩还是不去的好。到年岁大了能完全了解这不幸，同情于这不幸了以后，才可以去。那种光景是看了可怜的。你们只要走过盲童学校前面，常可看见有小孩坐在窗口，一点不动地浴着新鲜空气。平常看去，好像他们正在眺望那宽大的绿野或苍翠的山峰呢，然而一想到他们是什么都不能见，永远不能见这美的自然，这时你们的心就会好像受了压迫，觉得这时你们自己也成了盲人了的吧？其中，出生就盲了的，因为开始就未曾见过世界，苦痛也就不多。至于二三月前新盲了目的，心里记着各种事情，明明知道现在都已不能再见了，并且那心中所记着的可喜的印象，逐日地消退下去，自己所爱的人的面影，渐渐退出记忆之外，就觉得自己的心一日一日地黑暗了。有一天，这里面有一个，非常悲哀地和我说：'就是一瞬间也好，让我眼睛再亮一亮，再看看我母亲的脸孔，我已记不清母亲的面貌了！'母亲们来望他们的时候，他们就将手放在母亲的脸上，从额以至面颊耳朵，处处抚摸，一面还反复地呼着：'母亲！母亲！'见了那种情形，不论怎样心硬的人，也不能不流了泪走开的！离开了那里，觉得自己的眼睛能看，实在是例外的事；觉得能看得见人面、房屋、天空，是过分的特权了。啊！我料想你们见了他们，如果能够，谁都宁愿分出一部分自己的视力来，给那全班可怜的——太阳不替他们发光，母亲不给他们脸面看的孩子们的吧！"

病中的先生（二十五日）

今日下午从学校回来，顺便去望先生的病。先生是因过度劳累才病了的。每日授五小时的课，运动一小时，再去夜学校担任功课二小时，吃饭只是草草地吞咽，从朝到晚一直劳动着没有休息，所以把身体弄坏了，这些都是母亲说给我听的情形。母亲在先生门口等我，我一个人进去，在楼梯里看见黑发的考谛先生，就是那只哄吓小孩、从不加罚的先生。他张大了眼看着我，毫无笑容地用了狮子样的声音说可笑的话，我觉得可笑，一直到四层楼去按门铃的时候还是笑着。仆人引我入那狭小阴暗的室里去，我才停止了笑。先生现在室内卧着，他卧在铁质的床上，胡须长得深深地，一手遮在眼旁，看见了我，就用了含着深情的声音说：

"啊！安利柯吗？"

我走近床前，先生一手搭在我的肩上：

"来得很好！安利柯！我已病得这样了，学校里怎样？你们大家怎样？好吗？啊！我虽不在那里，先生虽不在那里，你们也可以好好地用功的，不是吗？"

我想回答说"不"，先生拦住了我的话头：

"是的，是的，你们都看重我的！"说着叹息。

我眼看着壁上挂着的许多相片。

"你看见吗？"先生说给我听。"这都是二十年前得着的，都是我所教过的孩子呢。个个是好孩子。这就是我的纪念品，我预备将来死的时候，看着这许多相片断气，我的一生是在这班勇健淘气的孩子中度过的啰。你如果毕了业，也请送我一张相片吧！送我的吗？"说着从桌上取过一个橘子，给我塞在手里，又说：

"没有什么给你的东西，这是别人送来的。"

我凝视着橘子，不觉悲伤起来，自己也不知道为了什么。

"我和你讲，"先生又说，"我还望病好起来。万一我病不好，望你用心学习算术，因为你算术不好。要好好地用功的啊！困难只在开始的时候，不能做的事是决没有的，所谓不能，无非是用功不够罢了。"

这时先生呼吸迫促起来，神情很苦。

"发热呢！"先生叹息着说，"我差不多没用了！所以望你将算术、将练习题好好地用功！做不出的时候，暂时休息一下再做，要一一地去做，但是不要心急！勉强是不好的，不要过于拼命！快回去吧！望望你的母亲！不要再来了！将来在学校里再见吧！如果不能再见面，你要将这爱着你的四年级的你的先生，时时记起的啊！"

我要哭了。

"把头伸些过来！"先生说着自己也从枕上翘起头来，在我发上亲吻，并且说："可回去了！"眼睛转向壁上去看。我飞跑地下了楼梯，因为急于想投到母亲怀里去了。

街路（二十五日）

今日你从先生家里回来的时候，我在窗口望你。你碰撞了妇人了。走街路是最要当心的呀！在街路上也有我们应守的义务，既然知道在家里样子要好，那么在街路上也是同样，街路就是万人的家呢！安利柯！不要把这忘了！遇见老人，贫困者，抱着小孩的妇人，拄着拐杖的跛脚，负着重物的人，穿着丧服的人，总须亲切地把路让过。我们对于衰老、不幸、残废、劳动、死亡和慈爱的母亲，应表示敬意。见人将被车子碾轧的时候，如果那是小孩，应去救援他；是大人的时候，应注意关照他。见有小孩独自在那里哭，要问他原因；见老人落了杖，要替他拾起。有小孩在相打，替他们拉开，如果那是大人，不要近拢去。暴乱人们的相打是看不得的，看了自己也不觉会残忍起来了。有人被警察吊着走过的时候，虽然有许多人集在那里看，但也不该加入张望，因为那人或是冤枉被吊，也说不定的。如果有病院的舁床正在通过，不要和朋友谈天或笑，因为在舁床中的或是临终的病人，或竟是葬式，都说不定。明天，自己家里或许也要有这样的人哩！遇着排成二列走的养育院的小孩，要表示敬意——无论所见的是盲人，是驼背者的小孩，是孤儿，或是弃儿，都要想到此刻我眼前通过着的，不是别的，是人间的不幸与慈善。如果那是可厌可笑的残疾者，装作不看见就好了。路上有未熄的火柴梗，应随即踏熄，因为那是弄得不好，要酿成大祸，伤人生命的东西。有人问你问路，你应亲切而仔细地告诉他。不要见了人笑，非必要勿奔跑，勿高叫。总之，街路是应该尊敬的，一国国民的教育程度，因了街上行人的举动，最可看出，街上如果有不好的样子，家里也必定有同样的不好的情形的。

还有，研究市街的事，也很重要。自己所住着的城市，应该加以研究。将来不得已离去了这城市的时候，如果还能把那地方明白记忆，能把某处某处一一都记出来，这是何等愉快的事呢！你的诞生地，是你几年中的世界。你曾在这里，随着母亲学步，在这里学得初步的知识，养成最初的情绪，求觅最初的朋友的。这地方实是生你的母亲，教过你，爱过你，保护过你。你要研究这市街及其居民，而且要爱。如果这市街和居民遭逢了侮辱，你是应该竭力卫护的。

——父亲